文部科学省教科調査官
鳴川哲也

理科の授業を形づくるもの

東洋館出版社

はじめに

この書籍の出版についてのお話をいただいてから、執筆をはじめるまでに、いったいどれくらいの時間が経ったでしょう。どんな言葉から書きはじめようか…ずっと悩んでいましたが、結局、この言葉しか浮かびませんでした。

「この本を手に取ってくださって、ありがとうございます」

およそ10年に一度改訂される学習指導要領。その改訂の仕事にかかわらせていただき、新しい学習指導要領の趣旨などを、多くの方々に伝える仕事をさせていただくなかで、これまでの自分自身の履歴を振り返ることができました。その履歴には、いまの私を支えてくれる、子どもたちの姿、先輩方の姿、仲間の姿があります。

そんな多くの姿から、私のなかの理科が形づくられていることに気づきました。そして、そのことを、このような書籍を通して、みなさんにお伝えできることに感謝の気持ちでいっぱいです。

しかしながら、いまの私のなかの理科を形づくっているものを羅列したところで、たいしてみなさんのお役に立てるとは思えません。そこで、新しい学習指導要領と関連づけながら述べることにしました。1つでも多く、みなさんの心に残るものがあれば幸いです。

話は変わりますが、私は、理科の内容についての専門的知識を豊富にもっているかと問われれば、〝まったく自信がない〟と答えるほかありません。実は、このことを、私はずっと自分の弱みだと感じていました。

いまもそうです。ただ、この弱みをもっていたからこそ、いまの私のなかの理科が形づくられたといえる部分もあるのではないか…そんなふうに考えるようになってきました。

それは、〝子どもの発想がいかに豊かであるか〟に気づくことができたということです。授業中に発せられる子どもの考えに感心し、「なるほど、そう考えるのか…」と思ったことがいく度もありました。これは、専門的知識がなくて、瞬間的に子どもの考えの正誤を判断できなかったからなのか、それとも、子どもはいま、どのように考えているのかということ自体に興味があったからなのか、私にはわかりません。しかし私は、子どもの姿から自分の理科に対する指導観を更新してきたことは間違いありません。

本書では、そのような子どもたちの姿をたくさん紹介していきますが、それが、理科を得意とする方ばかりでなく、「理科って、ちょっと苦手なんだよね」と思っている方にも、明日からの授業の参考になればうれしいです。さらには、〝理科とはどのような勉強をする教科なのか？〟と考えておられる多くの大人の方々にも、お役に立てば幸いです。

では、はじめましょう。まずは、〈目次〉です。

…などと言いながら、みなさんが思い描く目次のようなものが見当たりませんね。

何かを考えるとき、先輩方の話を聞くとき、研究や授業の構想を練るとき…みなさんはノートなどにメモすることがあると思います。私もそうです。

いつのころからか、私は左のようなノートづくりをするようになりました。中身まで詳しく見られると恥ずかしいので、あえて小さく示してみます。

なんとなく、イメージは伝わりますか？　ノートの真ん中に、考えたい中心テーマを配置し、聞いたこと、考えたことなどをつなげていくのです。この書籍のお話をいただいたときも、同じようにに書籍のイメージをノートに広げていきました。

私のノート

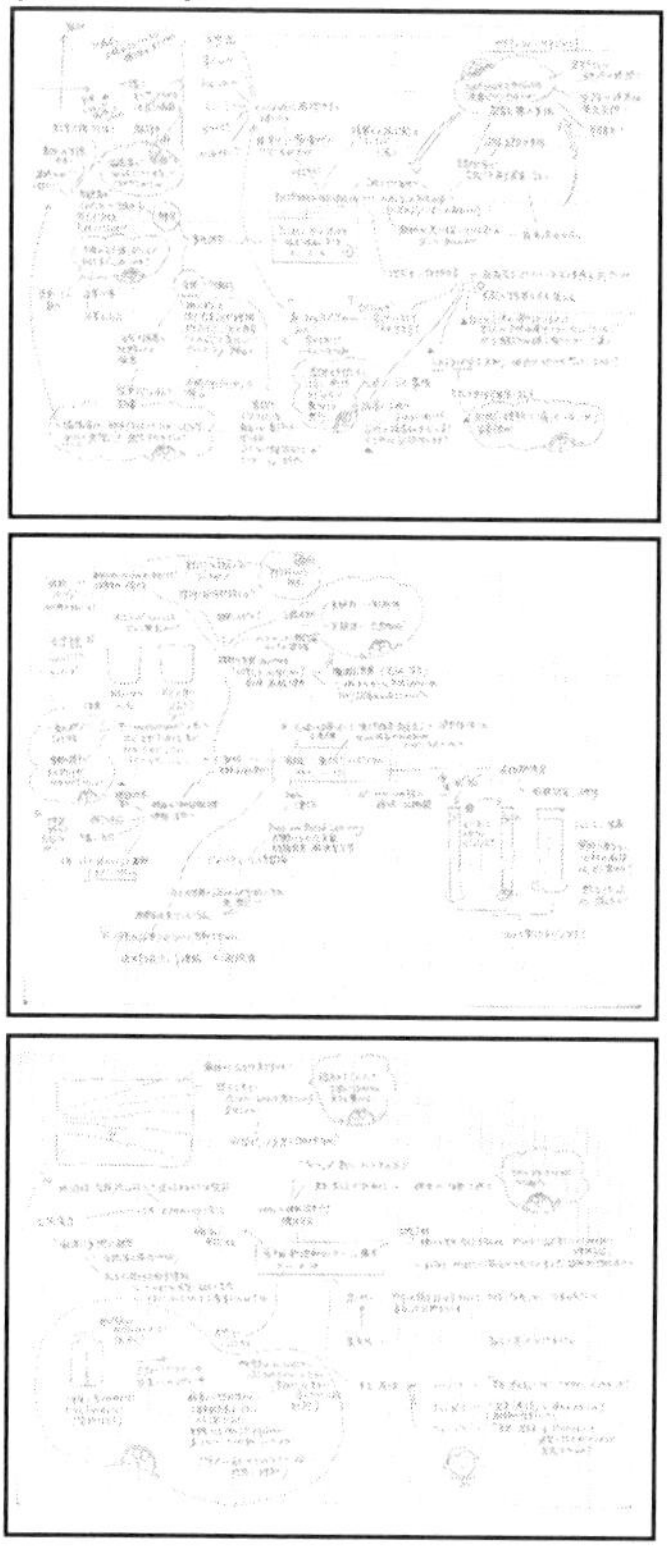

そうしてできあがったのが次の頁です。このノートをもとに本書の全体像を考えました。

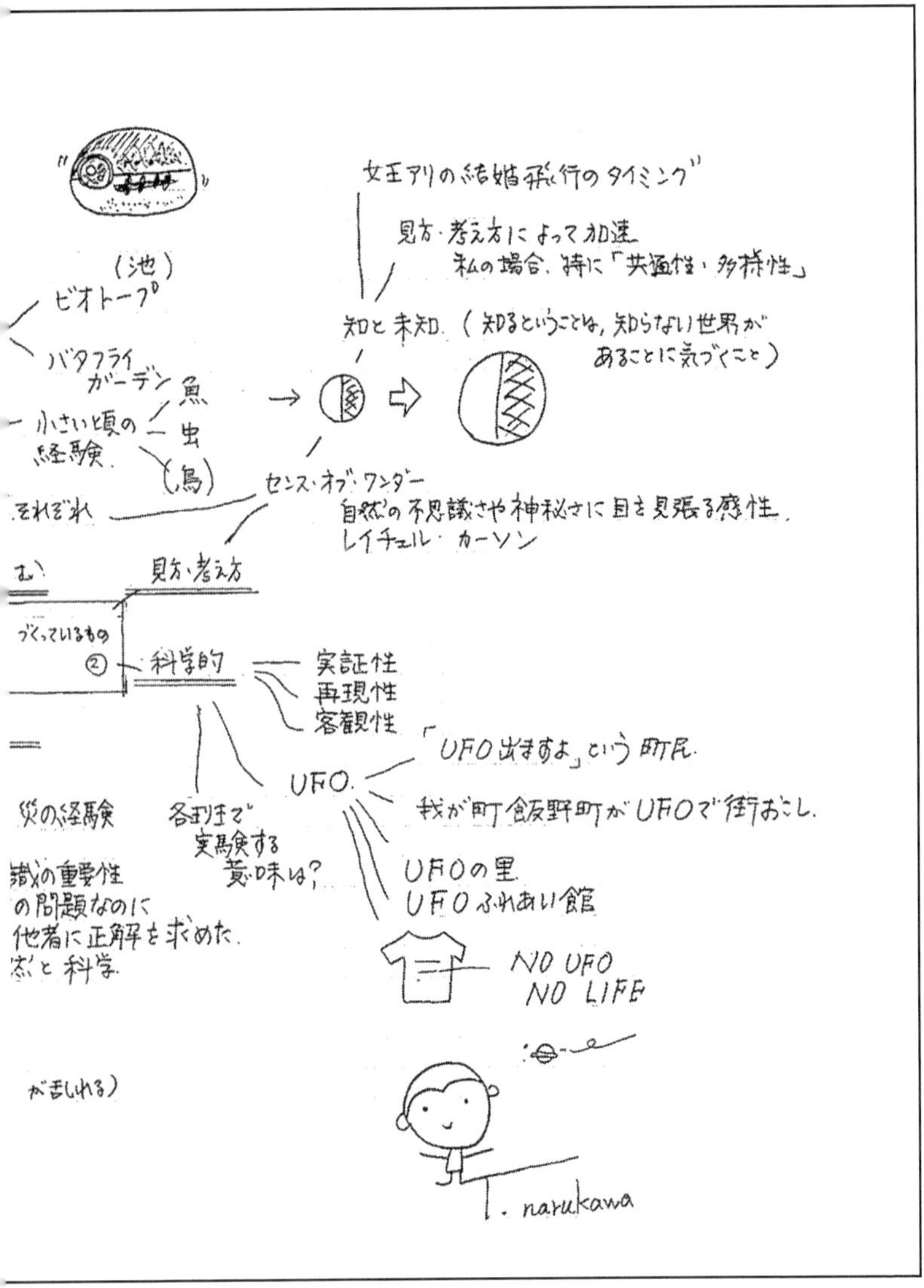
(池)
ビオトープ
バタフライガーデン
小さい頃の経験
魚
虫
(鳥)
それぞれ
見方・考え方
づくっているもの
② 科学的
実証性
再現性
客観性
災の経験
各自まで実験する意味は?
識の重要性
の問題なのに
他者に正解を求めた
然と科学
がおしれる)
女王アリの結婚飛行のタイミング
見方・考え方によって加速
私の場合、特に「共通性・多様性」
知と未知。(知るということは、知らない世界があることに気づくこと)
センス・オブ・ワンダー
自然の不思議さや神秘さに目を見張る感性
レイチェル・カーソン
UFO
「UFO出ますよ」という町民
我が町飯野町がUFOで街おこし
UFOの里
UFOふれあい館
NO UFO
NO LIFE
T. narukawa

本書の全体イメージ

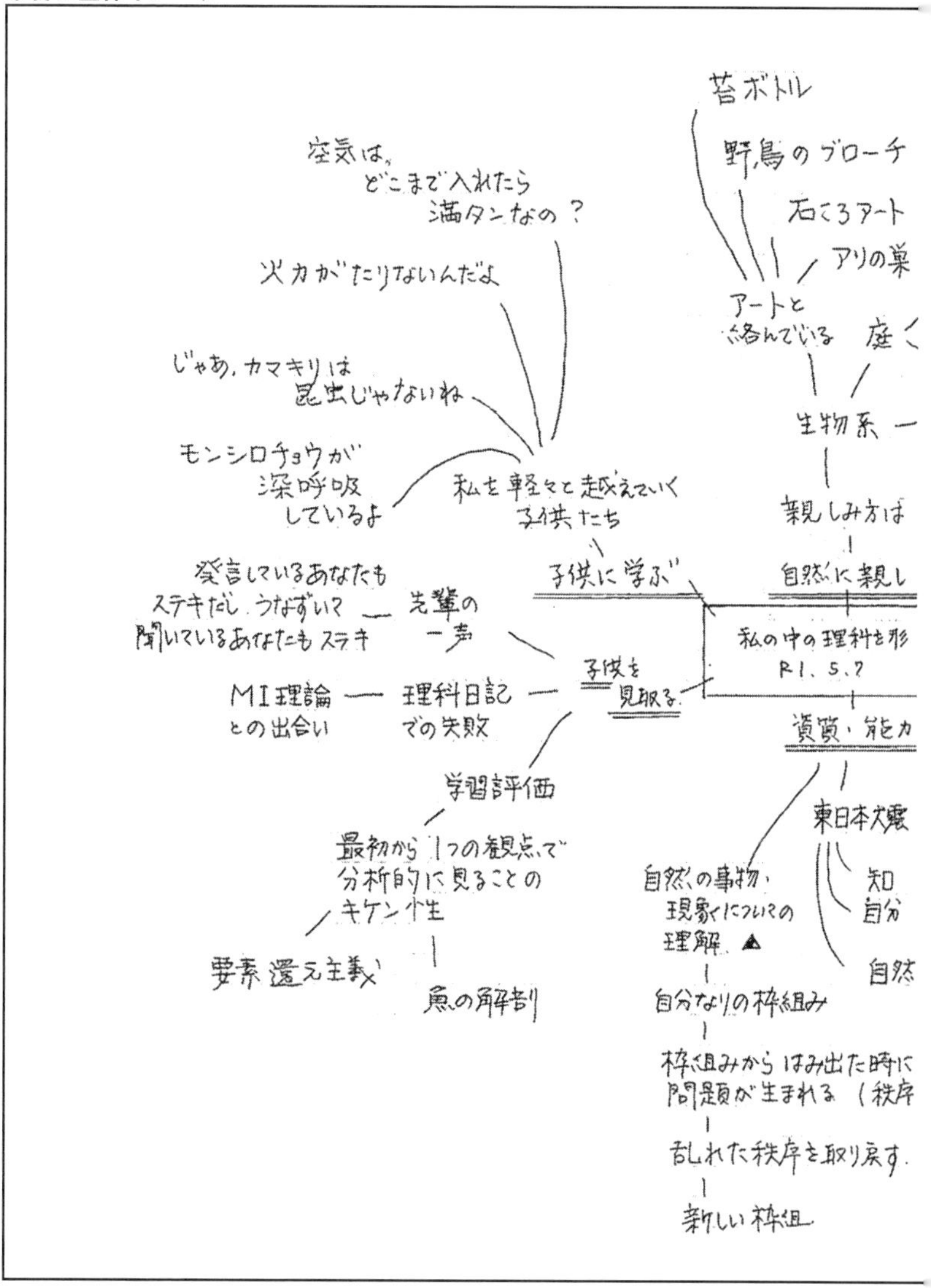
苔ボトル
野鳥のブローチ
石ころアート
アリの巣
アートと絡んでいる
庭
生物系
親しみ方は
自然に親し
私の中の理科を形
P1、5、7
資質・能力
東日本大震
知
自分
自然
自然の事物・現象についての理解 ▲
自分なりの枠組み
枠組みからはみ出た時に問題が生まれる（秩序
乱れた秩序を取り戻す。
新しい枠組
空気は、どこまで入れたら満タンなの？
火力がたりないんだよ
じゃあ、カマキリは昆虫じゃないね
モンシロチョウが深呼吸しているよ
私を軽々と越えていく子供たち
子供に学ぶ
発言しているあなたもステキだし うなずいて聞いているあなたもステキ
先輩の一声
子供を見取る
MI理論との出会い
理科日記での失敗
学習評価
最初から1つの観点で分析的に見ることのキケン性
要素還元主義
魚の解剖

改めて〈目次〉

第1章

子どもに学ぶ

1. かえる

まずは、新学習指導要領小学校理科の「目標」を示します。読者のみなさんには、いつもこの目標を意識しながら本書を読んでいただきたいという思いがあります。

自然に親しみ、理科の見方・考え方を働かせ、見通しをもって観察、実験を行うことなどを通して、自然の事物・現象についての問題を科学的に解決するために必要な資質・能力を次のとおり育成することを目指す。

(1) 自然の事物・現象についての理解を図り、観察、実験などに関する基本的な技能を身に付けるようにする。

(2) 観察、実験などを行い、問題解決の力を養う。

(3) 自然を愛する心情や主体的に問題解決しようとする態度を養う。

（傍線は筆者）

この目標のなかには、「問題を科学的に解決」「問題解決の力」「主体的に問題解決しようとする態度」など、「問題解決」という言葉が何度も出てきます。

これは、小学校理科は、「子どもの問題解決」を大切にしている教科だということを意味します。この重要性を改めて感じたのは、小学校理科の歴史を振り返ったときでした。あるところに、次の文章が記されていました。

あるこどもがかえるを飼って、その成長の変化を観察して、記録を作った。父親がその記録を見ると、かえるの変態が動物学の本に書いてあるものに比べて、1か月も長い日数がかかっていることに気がついた。それで、こどもの観察した事実がまちがっていると考えて、こどもの記録の日付を訂正して、動物学の本にあるように書きなおした。

みなさんは、この文章を読んで、どのように思いますか？

「お父さん、そりゃないよ。子どもが観察したのに…」と思うのではないでしょうか。少なくとも、「お父さん、えらい！」とは思いませんよね。でも、授業では、ときどきこんなことが起きてしまいます。

子どもが観察、実験を行い、何らかの結果を得たとします。それに対して、教師はときどき、こんなふうに言うんです。

「本当は、こうなるんだよ」

子どもが一生懸命実験をして自分なりの結果を得たにもかかわらず、こう言ってしまうのは、さきほどの「お父さん」と同じ行為をしていると思いませんか？

観察、実験をするたびに、先生が「本当は…」などと言ってしまえば、きっと子どもは、次のように考えるようになるのではないでしょうか。

〝私たちは何のために実験をしているんだろう〟

〝実験だけ楽しめばいいってこと？〟

理科の学習の中核をなすのは観察、実験です。しかし、それだけでは、理科の学びは成立しません。

「先生、今日は何の実験をするんですか？」と質問する子どもがいたら、「どのような問題を実験で確かめたい？」と問い返したくなりませんか？

観察、実験などを行う前には、解決したい問題やそれに対する予想などがあります。その予想を確かめるために、観察、実験などを行います。目の前の事物・現象から事実を見つけ、それをもとに考察するためです。

動物学の本に記載されているような学術的な知識がすべてではありません。理科の授業だってそうです。教科書に載っている結果がすべてではないのですね。教科書に掲載されているとおりの方法で実験を行ったとしても、教科書と同じ結果が得られるとは限らないのですから。それなのに、「教科書に載っているように結果を書き直せ！」というのは、おかしな話ですよね。

とはいえ、「そんなに力説するのなら…」と、読者のみなさんからこんな声が聞こえてきそうです。「あなた自身は、理科の授業中に、〝本当は、こうなるんだよ〟と言ったことはないのですか？」と。そう質問されたら、こう答えざるを得ません。

「ごめんなさい。言ったこと、あります」。

自戒を込めて、私はこの文章を書いています。

また、次のような文章も載っていました。

おたまじゃくしを洗面器で飼っている3年生のこどもがあった。後足が出、前足が出て、尾が短くなったある日、いく匹かの小がえるに逃げられてしまった。こどもはがっかりしたが、別に深くも気にとめなかった。ところが、翌日また逃げられた。

再度のことではあるし、かえるのきわめて残り少なくなった洗面器を見たこどもは、「いったい、どうして逃げられたのだろう。」と考えた。こどもはいろいろと、かえるについての経験を思い浮べた。そして、池にいるかえるを考えた。池の中のかえるは、岸や石にはいあがったり、また、水の中にもぐったりしている。

その事実から、「おたまじゃくしは水の中が好きなのだけれど、かえるになると、陸も好きになるのだろう。」こう考えて、砂や石で洗面器に陸を作ってやり、金網の蓋をした。

かえるは、水の中を泳いだり、陸にあがって休んだりした。かえるを飼うことができた。

自分で「いったい、どうして逃げられたのだろう」という問題を見いだし、池のなかのかえるを想起して、「おたまじゃくしは水の中が好きなのだけれど、かえるになると、陸も好きになるのだろう」という予想を立て、砂や石で洗面器に陸をつくったところ、上手にかえるを飼うことができたというお話です。

一言でまとめるならば、「子どもの問題解決」を的確に表した文章だということです。自分で問題を見いだし、生活経験をもとに予想を立て、解決方法を考え、実行してみたらうまくいったのですから、まさに問題解決です。

また、こんな文章も載っていました。

たとえば、4才のこどもの持っている知識と、7才のこどもの持っている知識とは違ったものであるにちがいない。試みに4才のこどもに「おたまじゃくしは何になるの。」と尋ねたら、けげんそうな顔をした。7才のこどもは「おたまじゃくしはかえるになるよ。」といった。

4才のこどもは、おたまじゃくしの発生についての知識を持っていないが、7才のこどもはより進んだ知識を持っている。

（中略）

科学をこのように、そのこどもの持っている知識の体系と考えることは、おとなや科学者の持っている科学と本質においては変りはない。科学者でも、このこどもたちと同じように、自分の経験や知識では解決されない事がらに問題を持ち、予想をたてて実験を試み、事実と照らし合わせて、一つの理解に達するのである。

子どもであっても、大人であっても、科学者であっても、知識を更新していくというお話です。

「科学者でも、このこどもたちと同じように…」と書いてあります。「こどもたちでも、科学者と同じように…」ではないんです。子どもが真ん中の文章ですね。

私がかつて子どもだったころ、「カブトムシはどのようなところで生活しているのだろう？」という問題をもちました。近くの里山に入り、クヌギなどの樹木を見つけ、クワガタやカブトムシを捕まえることを通して、クワガタやカブトムシは、このような場所にいるのか…ということを知りました。〝科学者が行っていることもこれと同じだ〟ということですね。

さて、このように、「かえる」についての文章を3つ紹介しました。ここで重要なことは、私がこれらをどこから引用したのかということです。

実は、昭和27年の「小学校学習指導要領理科編（試案）改訂版」に掲載されている文章なのです。昭和22年に「小学校学習指導要領理科編（試案）」が示され、その改訂版にこの3つの文章が載っています。

いま読み返しても、全く色褪せていません。小学校理科は、（いまも昔も変わらず）「子どもの問題解決」を大切にしている教科だということがよくわかります。新学習指導要領の小学校理科の目標に、なぜ「問題解決」という言葉が複数回登場しているのか、納得いただけたのではないでしょうか？

小学校理科は、これまでずっと「子どもの問題解決」を大切にしてきた教科です。そして、これからも大切にしていくのです。

2. カマキリ

(1) Sさんのつぶやき

「子どもの問題解決」を大切にしている小学校理科ですが、実際の授業でも大切にされているでしょうか？　これは、かなり重要な問いです。

私は、福島県の小学校で教師をしていましたから、この問いは私自身にも向けられます。「そういうあなたは、子どもの問題解決を大切にしてきたのか？」と。

しかし、（残念ながら）「私は、いついかなるときも、子どもの問題解決を大切にした授業をしてきました」などとは、胸を張って言うことはできません。しかし、ある授業がきっかけで、意識できるようにはなりました。その授業こそが、見出しにもある「カマキリ」であり、Sさんのつぶやきが、私の授業観を変えてくれたのです。

そのつぶやきは、ある日突然やってきました。

小学校3年生の理科で、昆虫についての学習をしていたときのことです。ここでは、昆虫の体は、頭、胸、腹に分かれていて、脚が胸部より3対6本でているという昆虫の定義を学びます。

私は、子どもたちと一緒にモンシロチョウを観察しながら、脚が6本であることなどを確認し、「このような仲間を昆虫と言うんだよ」と説明しました。

そのときです。Sさんがつぶやきました。

「じゃあ、カマキリは昆虫じゃないね」

それに対して、私は「どうして、そう思ったの?」と聞いてみました。

すると、Sさんは自分なりの考えを話してくれました。

「だってね。カマキリの鎌は手でしょ。脚は4本しかないでしょ。だから、昆虫じゃないよ」

教師である私のなかに、「カマキリの鎌は手である」という発想はありませんでした（もしかしたら、小学生のときにはそう思っていたかもしれませんが…）。しかし、Sさんから「カマキリの鎌は手である。脚ではない」と言われたとき、〝なるほど、確かにそうかもなぁ〟

と思ってしまいました。

そこで、私は「Sさんはこう言っているけど、みんなはどう思う？」と投げかけてみました。すると、意外にも多くの子どもが「そうかもしれない」と言いだしたのです。

私はそれまで何度も授業で昆虫の定義を扱ってきました。そして、そのたびに、「脚が6本ある仲間を昆虫って言うんだよ」と話してきました。しかし、Sさんのつぶやきや周囲の子どもたちの反応によって、私の説明を子どもたちは（本当のところ）どう受け止めていたのだろう…そんな不安に襲われました。教師である私が一方的に満足していただけかもしれないからです。

昆虫の定義は、人間がつくったものです。それを子どもたちに伝えていくことは確かに大切です。しかし、一方的に知識を伝達すればよいわけではありません。

実を言うと、Sさんが「カマキリは昆虫じゃない」とつぶやいた瞬間、〝カマキリは昆虫だよ。昆虫図鑑にも載っているでしょ〟と言いたくなったし、実際に言いかけました。

でも、言わなくて、本当によかった…。もし、このとき、その言葉を発していたら、私のなかの理科は、いまのような姿には形づくられなかったでしょう。実際、カマキリだって、「オレの鎌は、本当は手なんだぜ！」って思っているかもしれませんよね。Sさんのつぶやきが、私の授業観を大きく変えてくれたのです。

学びの主人公は、いつだって学ぶ当の本人です。授業であれば、子ども一人一人が学びの主人公です。その彼らが、本当のところ何を感じ考えているのか…そこに思いを寄せる教師でありたいと思うようになったのです。

これが、自分の授業観を変えるきっかけとなったエピソードです。この日を境に私は、学習の対象としている自然の事物・現象について、子どもがどのような認識をもっているのかを丁寧にとらえようと考えるようになっていったのです。

(2) カマキリの鎌は手か脚か問題は、まだまだ続く

前述のような私のエピソードを先生方に話すと、みなさんは続きが聞きたくなるみたいです。「その後、どのような展開になったのですか?」と。

そこで、「カマキリと子どもたちのそれから」について、少々頁を割こうと思います。

「カマキリが鎌を使って歩いているところを見たことがない」
「歩くことに使わなければ、脚とは言えない」
「もし、鎌が脚なら、脚で食事をしていることになる」
「それって、おかしくない?」

これらが、子どもたちの考えでした。実を言うと、「カマキリの鎌は手である」派のほうが優勢だったのです。

確かに、子どもたちの考えは理解できます。しかし、学術的な定義上「カマキリの鎌は前脚」です。

ここで思い切って「カマキリの鎌は、手ではなくて前脚なんですよ」と言ったら、子どもたちは納得してくれるだろうか…とも考えました。しかし、むりでしょう。「カマキリの鎌は、手なんじゃないかな」と本気で悩んでいる子どもたちです。一方的に説明しても届かないでしょう。だから私は「前脚です」などとはどうしても言えませんでした。

さて、どうしたものか…。

そこは、問題解決を大切にする理科です。観察や実験を通じて問題を解決するのです。だったら、実際にカマキリを観察してみればいい。そういう話になりました。

しかし、この単元がはじまった時期にカマキリの成虫はいません。でも、幼虫だったら？カマキリは不完全変態だから、幼虫であっても、成虫のカマキリと同じ姿をしています。そこで、カマキリの幼虫を観察することになったのです。

さぁ、そのときがやってきました。理科室の机ではちっちゃいカマキリが、あっちへ行ったりこっちへ行ったりしています。それを食い入るように子どもたちが見ています。す

カマキリの跗節

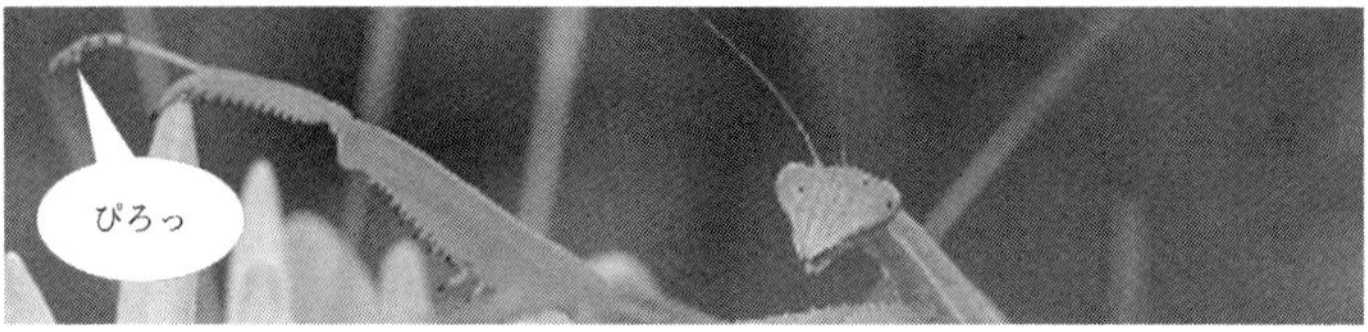

ると、次第にいろいろな声があがりはじめました。

「あぁぁ、鎌を使って歩いてる！」

「鎌っていっても、先っちょまで鎌じゃない」

「あれ、よく見ると、鎌の先にぴろっとしたものがついているよ。これって、ほかの脚にもついてない？」

「本当だ！　ついてる、ついてる！」

子どもたちは大興奮です。

鎌のある手（脚？）は先端まで鎌ではない。鎌の先には跗節《ふせつ》（「ぴろっ」としたもの）がついていて、しかも、他の脚の先端にもついている。すなわち、カマキリの６本の脚（そのうちの２本が手かもしれないことは脇に置くとして…）の先端は、すべて同じような形状をしていることを、子どもたちは発見したのでした。そのうえ、手を使って歩くわけがないと思っていたのに、その部分を地面との接地点としてカマキリは歩いていたのです。

すると、がぜん「カマキリの鎌は脚である」派が優勢になってきます。〝よし、よし〟と内心、私は思いました。これで、「この観察結果から、カマキリの鎌は手ではなくて脚である」と合意形成してくれるだろうと思ったのです。

しかし、そんなに教師の都合よくはいきません。数人は、「カマキリの鎌は脚である」という結論に、どうしても納得いかない様子だったからです。

私の苦悩は、もう少しだけ続くことになります…。

(3) 昆虫脚だけカードの登場

結局、実際にカマキリを観察しても、「カマキリの鎌は脚である」という合意には至りませんでした。ゴリラやチンパンジーといった類人猿は手（前肢とも言いますが）を使って歩行するし、きっと跗節だけでは納得がいかなかったのでしょう。

ならば、どんな学習であれば、子どもたち全員の合意形成を図れるのか…。

そんな悩みを抱えつつ、昆虫図鑑を眺めていたときのことです。

「そうだ！　昆虫脚だけカードをつくろう！」

突然のひらめきでした。早速、私は昆虫脚だけカードをつくり、次の時間に子どもたちに提示しました。

「えーっと、この脚のもち主は誰だと思う？」

すると子どもたちからすぐに答えが返ってきました。

「カブトムシ！」

「どうして、そう思ったの？」

「だって、脚に爪のようなものがあるでしょ。その爪で木につかまっているんだよ。落ちないようにしっかりつかまるから」

「なるほど」

子どもたちは、脚の形状とカブトムシの生活の仕方を関係づけて考えていることがわかりました。

「では、この脚の持ち主は？」そう尋ねると、やはりすぐに答えが返ってきます。

「バッタ！」

「どうして、そう思ったの？」

「だって、後ろの脚が長いでしょ。バッタはジャンプするから、後ろの脚が長いんだよ」

またしても子どもたちは、脚の形状とバッタの生活の仕方を関係づけて考えていたのです。

昆虫脚だけカード①

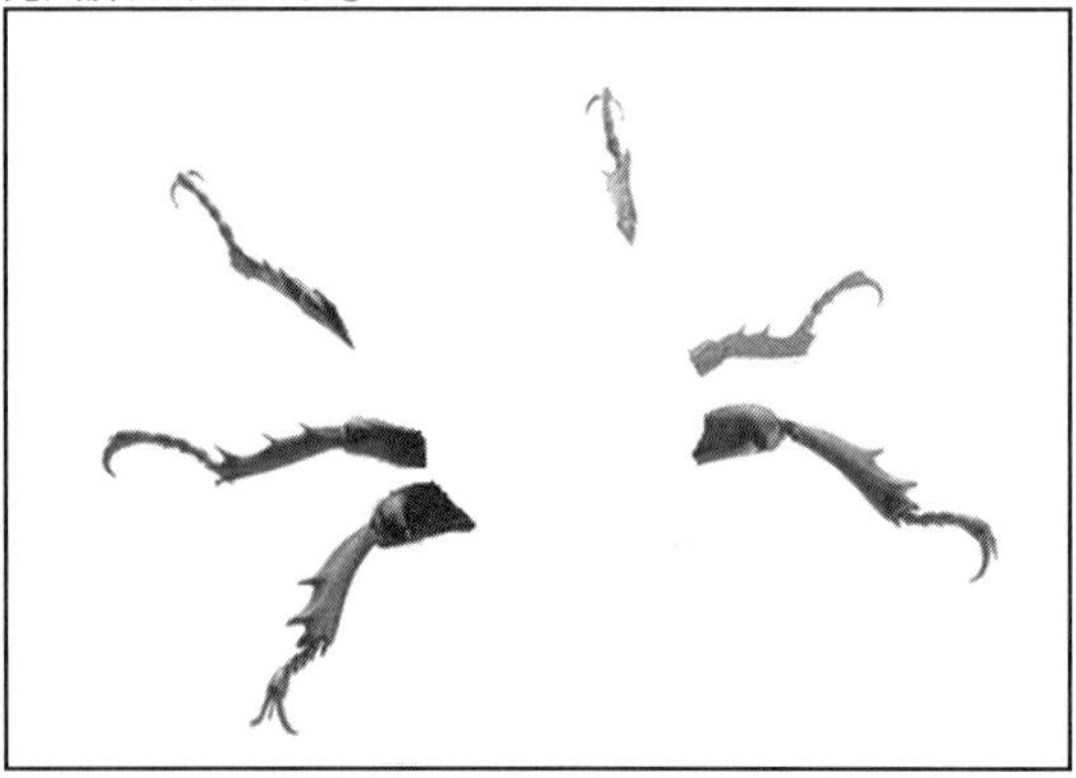

「そういうことか…。カマキリは、獲物を捕るために（本

当は脚なのだけど）手のような鎌の形なんだ」

やっとたどり着きました。〝カマキリの鎌は脚なんだ〟と。

＊

私たち教師は、「体が頭、胸、腹に分かれていて、脚が6本ある。このような仲間を昆虫と言う」と説明さえすれば、子どもたちに昆虫の定義を教えたと思いがちです。しかし、それは教えたつもりなのです。

子どもたちは、〝私よりもずっとすごいことを考えている〟ことに気づかせてくれました。子どもに寄り添う気持ちが、教師にとってどれだけ大切か。その気持ちをもつことができれば、私たちは子どもたちからたくさんのことを学ぶことができるのだと思います。

昆虫脚だけカード②

私は、ずっとこんな気持ちをもち続けたいと思っています。そして、教師がこのような気持ちをもち続けることで、日々の授業が子どもの問題解決になっていくのではないかと思うのです。

昆虫脚だけカード③

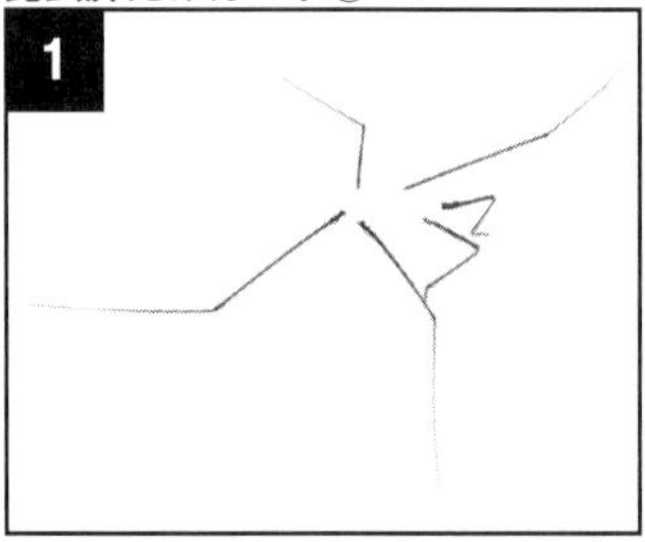

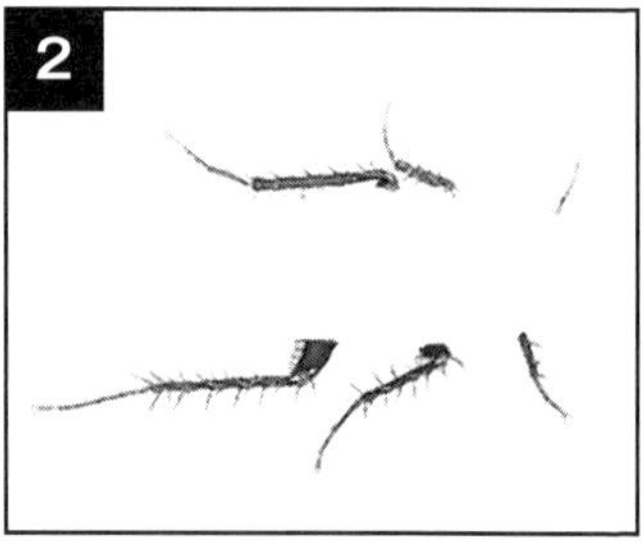

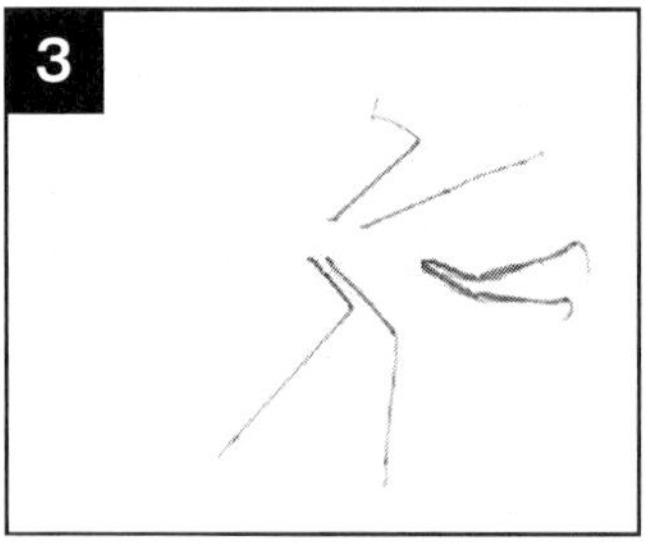

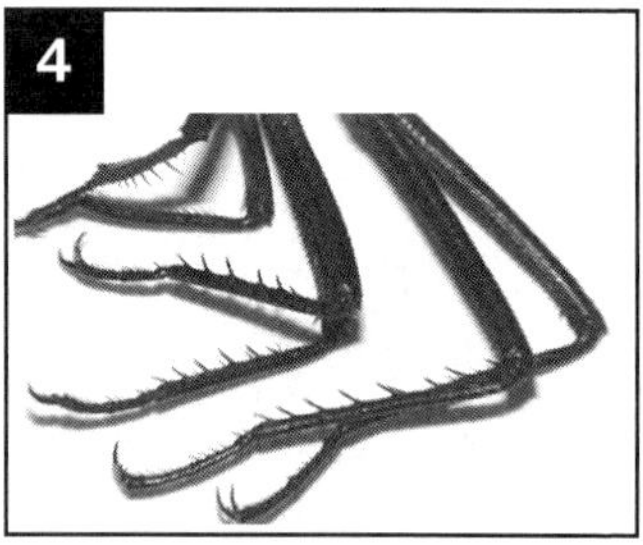

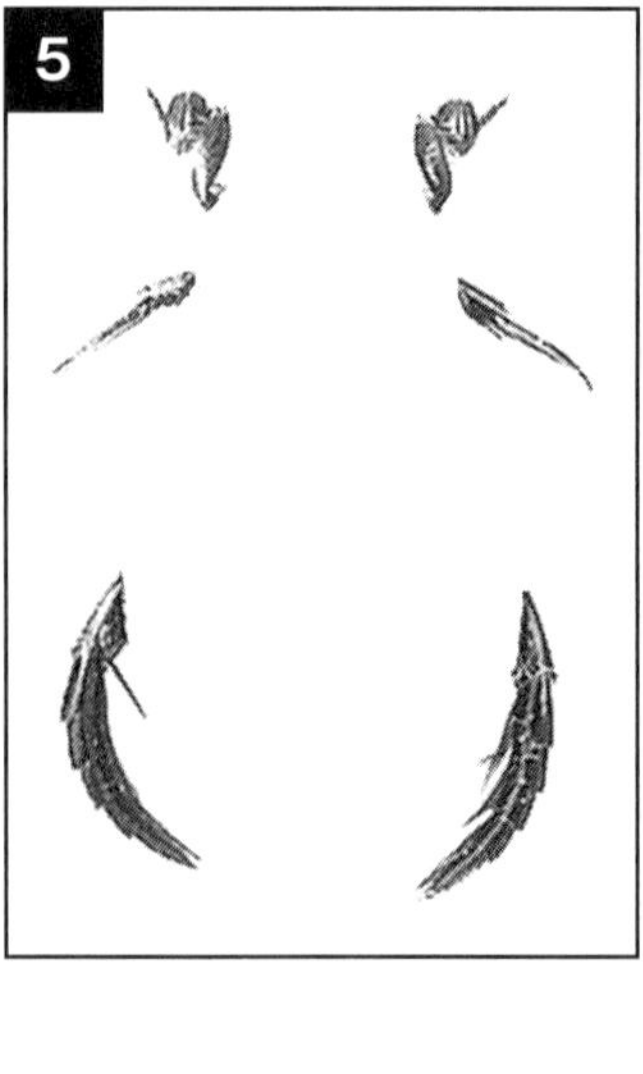

さて、昆虫脚だけカードの続きです。今度は、読者のみなさんへの発問です。「この脚のもち主は？」（それぞれの昆虫の大きさのバランスは実際とは異なります）

1～5の脚のもち主を、簡単に言い当ててしまったあなたには、昆虫の脚博士の称号を与えましょう。

では、答え合わせといきましょう。

1は、「アメンボ」です。

アメンボは水の上で生活しているので、アメンボの写真は、たいてい水の上をすいすい動いている姿ですね。水の上を動くと波紋ができます。しかし、(脚は6本あるはずなのに)波紋は4つにしか見えません。すると、脚は4本だと思ってしまいがちですね。アメンボもおもしろい教材になりそうです。

2は、「ゴキブリ」です。

苦手な方は多いと思います。その割には、みなさん正解できたのではないでしょうか？ この足で活発に動き回るのですね。ゴキブリ、見事な動きブリです。

3は、「ミズカマキリ」です。だんだんむずかしくなってきた感じがしませんか？ プールに飛んできて、子どもたちと一緒に泳ぐ姿をよく見かけました。それって、福島県だけですか？

4は、「トンボ」です。ギンヤンマの脚です。

ギンヤンマは、飛びながら小さな虫を捕らえるので、獲物に逃げられないように、脚が籠のようになるんですね。

5は、「ゲンゴロウ」です。

最近は見かけなくなりましたね。この写真はオスです。オスは交尾するとき、メスにつかまるために、前脚が吸盤のような形になっているようです。

昆虫の名前を知らなくても、脚の形を見れば、どのような生活をしているのか何となく見えてくる気がしませんか？　これは昆虫に限ったことではありません。みなさんがよく目にする花だって同じです。

花は、受粉のために昆虫を呼ぶことがあります。このような花を虫媒花《ちゅうばいか》と言います。でも、花の形っていろいろですよね。「どんな虫でも歓迎します！」と言って虫を呼び寄せる花もあれば、「ハチ以外はお断り！　ほかの虫は入れません」という花もあります。

こんなことを意識して考えるようになったのも、Sさんのおかげです。「じゃあ、カマキリは昆虫じゃないね」というつぶやきに出合えたことで、私はとても多くのことを学べるようになったのです。

3. モンシロチョウ

ところで、昆虫の変態って、凄いと思いませんか？

モンシロチョウの幼虫はキャベツなどをモリモリ食べて大きくなっていきます。しかし、サナギになると何も食べません。そうしたら、ある日突然サナギから出てきて、ちょっと前とはぜんぜん違う姿になって大空に飛んでいくんですよ。サナギの間に、あのなかで、いったい何が起こっているというのでしょうか。本当に神秘的です。

小学校理科では、自然を愛する心情を育てることを大切にしています。昆虫の飼育を通じて、そのような心情を育てることができますが、昆虫が誕生する瞬間に出合うことも、自然を愛する心情を育成することにつながると思います。

私は、モンシロチョウが幼虫からサナギを経て成虫になる過程から、多くのことを学んでほしいと思い、授業でモンシロチョウの飼育を行いました。昆虫の育ち方として、「卵→幼虫→サナギ→成虫」の順に変態することも含めてです。

特に、モンシロチョウが羽化する様子を見せたいと思っていました。そうかといって、「今日は、モンシロチョウが羽化する様子を観察します」と宣言するような授業にはしたくありませんでした。

〝サナギのなかで、羽はどのように折りたたまれているのだろう〟という問題を子どもたちはもっていました。そこで、想像図を描くことになりました。羽化直前のモンシロチョウのサナギには、モンシロチョウの紋が見えます。そのような状態のサナギを観察し、自分の想像図と照らし合わせようと考えたのです。

紋が透けて見えるサナギを観察している最中、サナギがピクピクッと動き出しました。「もしかして、出てくるんじゃない？」そう言って、子どもたちはざわつきはじめました。するとと、本当にサナギからモンシロチョウが出てきました。しかも、8班中7班のサナギが、同じタイミングで羽化しだしたのです。そのときの子どもたちの興奮といったら…。みなさん、想像がつきますよね。

モンシロチョウはサナギから出てくると、足場を見つけて、羽をゆっくり広げていきます。ですから、羽がどのようになっているのかも何となくわかるのです。

羽が固定されるまで、モンシロチョウは飛び立ちません。子どもたちはゆっくり、観察を続けることができました。

そのとき、Yさんが、私のところに興奮気味でやってきて、こう言いました。

「モンシロチョウが、深呼吸しているよ！」

私は最初、Yさんが何を言いたいのか、よくわかりませんでした。すると、こう言うのです。

「（モンシロチョウのストロー状の口を指して）伸ばしたり縮めたりしているでしょ。人間の赤ちゃんだって、生まれると深呼吸して、オギャーオギャーって泣くでしょ。モンシロチョウだって、口を伸ばしたり縮めたりして、深呼吸しているんだよ」

〝なんて瑞々しい感性なんだろう〟と私は思いました。こんな感性は、そのときの私にはありませんでしたが、Yさんの考えに触れることで呼び起こされてくるような気がしました。

もともとは、自分にだってそのような感性があったはずですが、年を重ねるごとに失ってしまったのかもしれません。しかし、自分の奥深くに埋もれていたはずの感性が、子どもの素敵な考えに出合うことで呼び起こされることがあるのです。教師という職業は、本当にありがたいですね。

モンシロチョウは、腹部にある気門というところで呼吸をしています。ですから、Yさんの考えは誤りです。こんなとき、教師がすべきことはなんでしょうか?

モンシロチョウが、いま、目の前でサナギから出てきた。ストロー状の口を伸ばしたり縮めたりしている。それを見て、人間と同じようにモンシロチョウも深呼吸を

モンシロチョウ

しているんだと思ったYさん。そんなYさんに対して、正解を伝えることでしょうか？

私はそうではないと思っています。

Yさんの考えを受け止め、一緒に感動すること。「モンシロチョウ、すごいね。生まれてきたね」と、喜びを分かち合うこと。教師がすべきことは、そういうことではないかと思うのです。

私はYさんと一緒に、ストロー状の口を伸ばしたり縮めたりしているモンシロチョウをずっと見ていました。

4. 水の沸騰

4年生では、「水は、温度によって水蒸気や氷に変わること」を学習します。この授業でも、子どものつぶやきをきっかけとして、私の想定とは違う展開になっていきました。

そのときは、実験用コンロを加熱器具として使用し、水を加熱して、水の様子や温度の変化を観察していました。6つの班の結果を集約し、どの班も水の温度は上昇するものの、100度付近になると、それ以上温度は上がらないグラフになりました。また、そのときの水は、激しく泡が出ている状態でした。

私は、どの班も同じような結果になったことを踏まえ、水は加熱していくと100度くらいまで上がり、盛んに泡が出てくる。そうなったら温度は上がらない。「このような状態を沸騰と言う」とまとめようとしていました。すると、その矢先、Hさんがこう言いだしたのです。

「先生、温度が上がらないのは、火力が足りないからだよ」

う〜ん、そう来ましたか…。

私は、「Hさんはそう言っているけれど、みんなはどう思う？」と尋ねました。すると、（またしても）子どもたちの多くが「そう思う」と言いだしました。子どもは、私たち教師が教えたいように考えているわけではないことがよくわかります。

「じゃあ、どうしたいの？」と聞き返すと、「火力をアップしたい」と。

理科で扱う加熱器具で、実験用コンロよりも火力が強いのはガスバーナーしかありません。そこで、私は子どもたちにガスバーナーの使い方を指導し、今度はガスバーナーで同じ実験を行うことにしたのです。同時に、実験用コンロよりも火力が弱いであろうアルコールランプでも実験してみることにしました。

アルコールランプを使った実験では、温度が100度近くなり、盛んに泡が出て、温度がそれ以上にはならない状態になるまでの時間が（実験用コンロで実験したときよりも）長くかかりました。

しかし、水の変化の様子は、実験用コンロで行った結果と違いはありません。また、ガスバーナーを使った実験では、今度は実験用コンロよりも短い時間ですみましたが、やはり実験結果に違いはありません。

このように、火力が異なる3種類の加熱器具を使っても、〝100度近くで盛んに泡が出て、温度がそれ以上にはならない〟という結果になったわけです。それを目の当たりにしたHさんは言いました。「そうか、水って、そういう性質なのか…。」と。

Hさんは、（問題解決の活動を経て）ようやく水の性質に対する納得にたどりつくことができたのです。

しかし、Hさんの話はここでも終わりません。今度はこんなことを言いだしたのです。

「じゃあ先生、水じゃないほかの液体はどうなるの？」

水の性質を他の液体に当てはめて考え、水以外の液体でも100度近くまでしか温度が上がらないのかと、Hさんはさらなる問題をもつにいたったわけです。

その後、他の液体をもち出して授業を行うことはしませんでしたが、Hさんの他の物に当てはめて考えるということは、これからの学習でもおおいに生かせることを伝えました。

私たち教師は、（教科にかかわらず）決められた時間の範囲内で授業を行わなくてはなりません。ですから、子どもに寄り添い、子どもが納得いくまで追究させたいと思っていても、できないことは数多くあります。

しかし、どんなに説明を駆使したとしても、（繰り返しになりますが）教師の意図どおりに子どもがとらえているとは限りません。教師はこのことを理解しておかなければならないと思うのです。

子どもの発想は、私たち教師を軽々と超えていくのです。

5.「問題解決」と授業づくり

本章では、「子どもの問題解決」をキーワードに、これまで私が実際に授業を行ってきたエピソードを紹介しました。

一つ一つのエピソードから、理科の授業を行う際のヒントが見つかれば幸いなのですが、ここで再度まとめてみたいと思います。

授業を構想するのは教師です。授業には当然ねらいがありますから、どの授業にも教師の願いが込められています。しかし、学ぶのは子どもです。授業を構想する段階では、子どもの姿を思い描き、展開を考えますが、実際に授業がはじまってしまうと、教師が思い描いた発言をするとは限りません。だからこそ、子どもの思いに寄り添う教師の姿勢が大切なのです。その姿勢こそが、子どもの問題解決を促してくれるからです。

そうはいっても、子どもの考えすべてを受け止め、すべて実現させることは不可能だし、時間も限られています。しかし、できる限り、子ども自らが問題を見いだし、自分たちで解決していける支援を行うことが大切だと思います。

もし、教科書に書いてある〝問題〟を、教科書に示されている〝実験〟を通して〝解決〟する授業を行ったとしても、それらをすべて教師の指示によって行わせるのか、それとも、子どもたちとのやりとりを通して問題が浮き彫りになるようにし、どうやったら解決できるのかを子どもと一緒に考えるのか、ここに大きな違いが生まれます。

どちらを選択するかによって、学びに向かう子どもたちの意識は、まったく違ったものになるのですから。

第2章

自然に親しむ

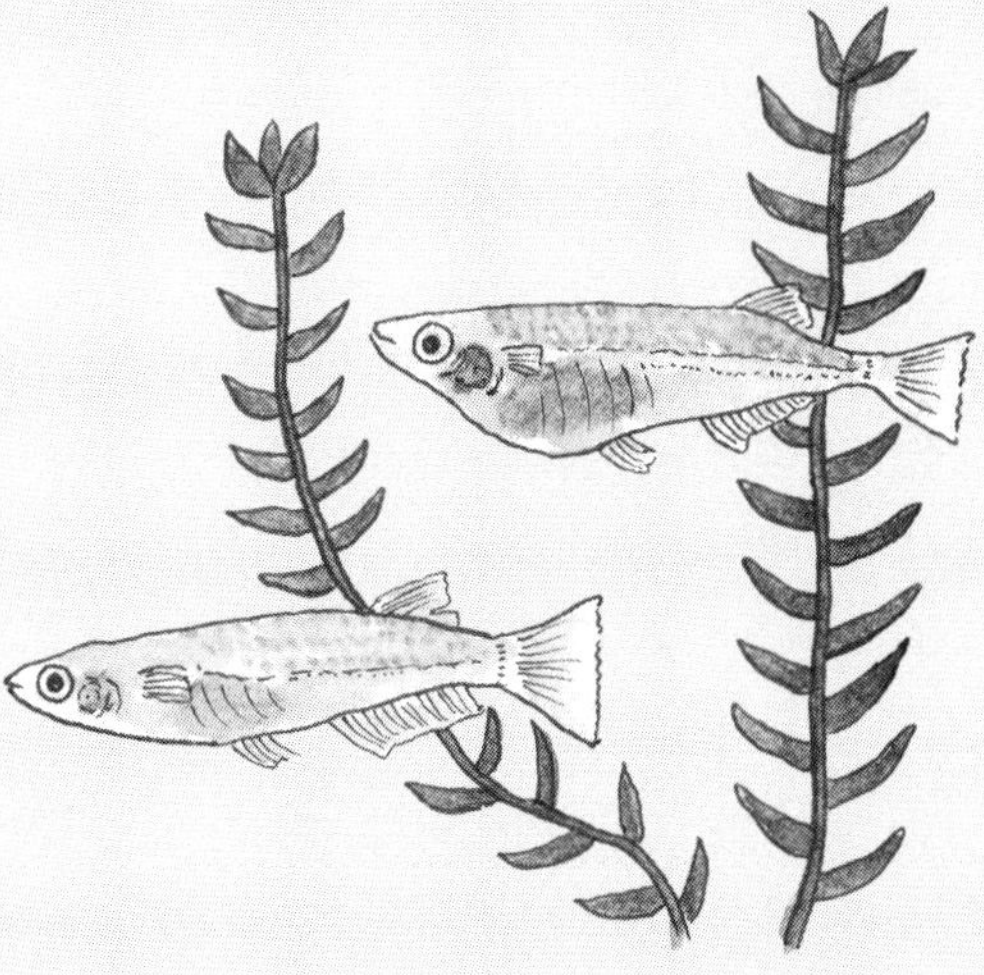

再び登場させました、小学校理科の目標です。

自然に親しみ、理科の見方・考え方を働かせ、見通しをもって観察、実験を行うことなどを通して、自然の事物・現象についての問題を科学的に解決するために必要な資質・能力を次のとおり育成することを目指す。

(1) 自然の事物・現象についての理解を図り、観察、実験などに関する基本的な技能を身に付けるようにする。
(2) 観察、実験などを行い、問題解決の力を養う。
(3) 自然を愛する心情や主体的に問題解決しようとする態度を養う。

（傍線は筆者）

本章のテーマは「自然に親しむ」です。これは、小学校理科の目標の最初に示されている言葉です。

ここでいう「自然」とは、山や海といった、いわゆる（目に見える）自然のことだけを指しているわけではありません。理科で扱う自然の事物・現象を指します。

また、「自然に親しむ」とは、単にいわゆる自然に触れたり、慣れ親しんだりするということだけでもありません。子どもたちは、関心や意欲をもって自然の事物・現象にかかわるなかで問題を見いだし、それを追究していくなかで、その問題を解決したり、また新しい問題を見いだしたりするわけです。「自然に親しむ」には、このように繰り返し自然の事物・現象にかかわっていくことも含まれているのです。

1．理科が好きな人

みなさんの周りに〝理科が好きだ〟という人はいますか？　そんな人は、きっと「自然に親しんでいる人」なのでしょうね。私の周りにもたくさんいます。

- 犬の散歩をしながら、蝶や蛾や花などを撮影している人
- 夏は渓流釣り、冬はワカサギ釣りを愉しむ人
- 野鳥に興味をもてば双眼鏡を購入し、蝶の幼虫に興味をもてば蝶の幼虫だけの図鑑を購入する人
- ハンゲショウの白い部分ができるメカニズムを教えてくれる人
- 「いま、前線が通過したよ」とか言いだす人
- 「自然現象を説明するとき、小学校で学習したことがとても大切だ」と力説する人

●出張先で石を拾っては、「あなたはいつからここにいるの?」と石に話しかける人
●朝早く起きてサクラを写真に収めたり、夜遅くまで星空を写真に収めたりする人
●自宅に天体望遠鏡を設置して、ミニ天文台をつくっている人
●年賀状にはいつも、「珍しい野鳥の情報があったら、いつでも教えてください」とコメントを書いてくる人
●ある時期になると、女王アリを探しまくる人

こんな人は、みなさんの周りにも、きっといるに違いありません。そして、場合によっては、「理科が好きな人=マニアックな人」のように見られることもあるかもしれません。この本を手に取ってくださった方々の多くは、周囲からは「マニアックな人」と見られている可能性がありますね。

では、「自然に親しんでいる人」とは、自然の事物・現象についての問題を見いだし、その対象についての追究を深めていく人で、周囲からは「マニアックな人」だと思われている人なのでしょうか?

そして、小学校理科では、そのような人を育成することを目指している、ということなのでしょうか?

2. 自然を身近に感じる

自然の事物・現象についての問題を見いだし、追究を深めていくことはすばらしいことです。たとえそこまでいかなくても、自分の生活のなかのちょっとした自然の事物・現象を身近に感じるだけでもいいと思います。それが「自然に親しむ」うえで、とても大切なことだからです。

しかしそれは、「自然に親しむことが、小学校理科の目標なのだから」でしょうか？小学生として生活している間だけ、自然に親しめばよいのでしょうか。

そうではありませんよね。

小学生のころの体験は、生涯にわたってどのように自然とかかわっていくかを左右します。少なくとも、いまの私は、小学生のころの経験によって、大きく形づくられています。

(1) 昆虫の話

小学生のころなら、(特に、男の子は) 昆虫に興味をもつ時期ってありますよね。私も、フツウの少年で、カブトムシやクワガタに興味をもちました。雑木林に行ってクヌギの木を見つけては蹴ってみたり、朝早く起きて、街灯の下をウロウロしてみたりしていました。そうやって捕まえたカブトムシを自宅で飼育もしていました。

カブトムシだけではありません。私にとって特に魅力的だったのは、ミヤマクワガタの雄です。色も他のクワガタと違うし、あのフォルムはいま見てもかっこいい。もっとも、少年の私は採集するのに夢中だったようで、飼育はもっぱら家族がしてくれていたような気がします。

それと、ヘラクレスとかコーカサスにも惹かれました。外国のカブトムシです。しかし、〝外国の〟というくらいですから、日本には生息していません。ですので、もっぱら図鑑を眺めていました。

ときおり、大きな市で「大昆虫展」があると、標本を見ることもできました。たとえ動いていなくても、目の当たりにできた感動は忘れられません（現在は、ペットショップで販売されています。私がいま小学生ならきっとほしがるでしょう。時代はずいぶん変わったものです…）。

カブトムシ以外にも、セミが成虫になったときの抜け殻をひたすらに集めたり、アキアカネやノシメトンボをたくさん捕って、家のなかに放したりしていました（家のなかにトンボを大量に放すなんて、いま考えたら……ですよね）。

(2) 川魚の話

私の実家近くには、阿武隈川が流れています。その川に流れ込む女神川という支流もあります。小学生のころは、毎週日曜日に、父と一緒に阿武隈川に魚釣りに行っていました。対象魚は、オイカワ、ウグイ、コイ、フナなどです。小学校5年生の夏休みの初日、長さ75㎝のウナギを釣ったことは、いまでも鮮明に覚えています。

いまでは、外来魚の影響なのか、あまり釣れなくなったといいますが、当時はオイカワがたくさん釣れました。何匹釣れるか、父と競争したこともあります。魚によって、餌や場所、深さなどが違うことを知り、対象魚を狙って釣ることも覚えました。

それと、「三平」という名の少年が活躍する魚釣りの漫画本を熟読し、図画工作の時間には魚をモチーフにした作品ばかりつくっていました。

ところで、みなさんは、「ガサガサ」ってご存知ですか？ 川岸の水草の下を網でガサガサすると、小さなフナやドジョウが捕れるのです。それで「ガサガサ」といいます。

女神川は小さな川で、よくこの「ガサガサ」をしていました。どのような場所で行えば多く捕れるのか、どのような生き物が捕れるのかも次第にわかってきて、すっかり魅了され、繰り返し女神川にかかわるようになっていきました。

いまも、愛車の屋根にはルーフボックスをつけ、そのなかに、「ガサガサ」の道具を積み込んでいます（車の後ろに収納すると、車全体に魚のにおいが充満して、同乗者から苦情がきます）。

(3) 図画工作の話

小学校を卒業するにあたって、卒業制作をしたことがあります。どういういきさつでそうなったのかは記憶にないのですが、各自が木の板に魚をデザインして彫刻刀で彫り、みんなの作品を合わせて、レリーフにすることになったのです。

テーマは魚でした。なので、私はとても張り切ったのだと思います。担任の先生が、完成した作品を「彫りといい、構図といい…」と褒めてくれました。この言葉がきっかけで、私は自分の思いを造形的な作品にすることが好きになりました。

先生の一言って、本当に影響が大きいですね。

(4) 大人になってからの話（鳥の話）

私は日本野鳥の会に所属しています。この話をすると、決まって「紅白歌合戦で紅白をカウントしたりする？」と（冗談っぽく）質問されるのですが、ありません。

私が大学生になりたてのころのことです。休みの日になると決まって電話をかけてくる先輩がいました。「もしかして、暇？」それが、彼のいつもの誘い文句でした。

その先輩は、野鳥好きだったのです。

休みの日になると、山、海、川といろいろなところに連れていってくれては、いろいろな野鳥を観察させてくれました。私は図鑑を購入し、自分が確認した鳥の名前にマーカーで線を引いていました。

日ごとに増えていく「この目で見た野鳥の数」に少なからず興奮していました。夏鳥として日本に渡ってきたオオルリやキビタキなどを見ると、このような美しい野鳥が自分の身近にいることに驚き、感動していました。

ただ、そのころの私は、先輩が高倍率の単眼鏡の視野のなかに入れてくれた野鳥を見るだけでした。それがある日、先輩が双眼鏡を貸してくれたので、魚釣りで慣れ親しんだ阿武隈川に行って周囲を観察してみることにしました。すると、川原を白と黒の野鳥がチョコチョコ動き回っているではありませんか。

早速、図鑑で調べてみると、その鳥は「セグロセキレイ」でした。それがなんともいえない喜びを私にもたらしてくれたのです。自分で観察場所まで行き、自分で発見し、自分で図鑑で調べ、突き止められたことが、なによりもうれしかった。

それからというもの、自分で探しにいくようになりました。自ら問題を解決できたことへの喜びが、「ほかには、どんな野鳥がいるのかな」という問題を生み、自分の力で謎を解き明かせると、今度はまた違う問題が浮かんでくる。その繰り返しが楽しくて仕方なかったのです。本当に野鳥に興味をもつようになったのは、実はこのときからです。

このセグロセキレイ発見のエピソードを大学の先生に話したところ、その先生は「セグロセキレイは、日本では身近な野鳥だけれど、世界的にみれば日本にしかいない野鳥なんだよ。だから、珍しいんだ」と教えてくれました。

視野が空間的に広がり、セグロセキレイの価値が変わった瞬間でした。自分の経験に、このような付加価値がついたこともあって、すっかり野鳥好きになりました。

それからというもの、十二湖（青森県）にアカショウビンを見に行ったり、父島（東京都小笠原諸島）にカツオドリを見に行ったりしました。伊豆沼（宮城県）では、朝日とともに一斉に飛び立つガンの群れの壮大な景色を目にしました。

「キチキチキチ」というモズの高鳴きに秋の訪れを感じたり「ヒッ、ヒッ」というジョウビタキの声に冬の訪れを感じたり、野鳥で季節を感じるようになりました。

家で大河ドラマなどを見ていると、テレビから鳥の鳴き声が聞こえてきて、「今、ヨタカが鳴いたね」「ほら、フクロウも鳴いたよ」「この季節に鳴くかな？」などと言っては、家族から冷笑されるようにもなりました。

(5) 大人になってからの話（魚の話）

小学生時代の経験は、大人になってからの自然の親しみ方となって表れてきます。私の場合には、昆虫や川魚、そして図画工作での経験であり、自然の親しみ方をもたらしてくれました。

まず、相変わらず生き物が好きです。

一時期は水槽を並べて、魚を飼っていました。熱帯魚を飼育していたこともあったのですが、あるときから止めました。「もっといろいろな種類の魚を飼いたいなあ」と思っても、熱帯魚はペットショップで買ってくるほかありません。そのことに対して、「本当にそれでいいのか？」「飼いたい魚がいるならば、自分の手で捕ってくるべきではないか？」と思ったからです。

きっと小学生のころの経験が、自分にそう思わせたのでしょうね。里山や川に行って、自分の手で生き物を捕まえるということを楽しんでいたわけですから。このときも、自分で捕ってきた川魚を水槽で飼おうと思ったのだと思います。

そのようなわけで、一時期は家のなかが水槽だらけでした。ドジョウ、ヨシノボリ、エビ、アブラハヤ、モツゴ、メダカ、アカハライモリ、ゲンゴロウ、ガムシ…。タガメを捕ってきて飼っていたときもありました。

ちなみに、アカハライモリはこっそり水槽から抜けだすんです。

「飼うのはいいけど、脱走させないで！」と家族に叱られたこともありました。

いまは、事情により、水槽で魚は飼っていません（この事情、知っている人は知っている）。

私がつくったこんな物①

しかし、庭にビオトープをつくり、メダカやエビを飼っています。それから、チョウがよく集まるという「ブッドレア」という植物などを植え、バタフライガーデンにしようとしています。

　小学生のころ、自然のなかに分け入っていき、そこに生きる昆虫や魚などを見てきたからでしょうか。「自分の身近にもそんな環境があったらいいなぁ」という思いから、できるだけ生き物が生息する場所そのものをつくることを考えたのかもしれません。これが、私なりの自然の親しみ方の一つなのです。

　庭に花をたくさん植えてガーデニングを愉しんでいる方がいると思います。それだって、その人なりの自然の親しみ方です。私の場合、そのガーデニングのなかに、昆虫と魚が混じった感じです。

それから、図画工作が好きになったことも、いまの私の自然の親しみ方に大きな影響を与えています。たとえば、最近はこんな物をつくりました。お世話になった先生が退職されるというので、何かをプレゼントしようと思ったのです。その先生は魚釣りが大好きな先生で、夏は渓流釣り、冬はワカサギ釣りに出かけていました。しかも、毎週。

私もその先生に渓流釣りに連れていってもらったことがありましたので、ヤマメとかイワナに関する何かをプレゼントしたいと思ったわけです。

私がつくったこんな物②

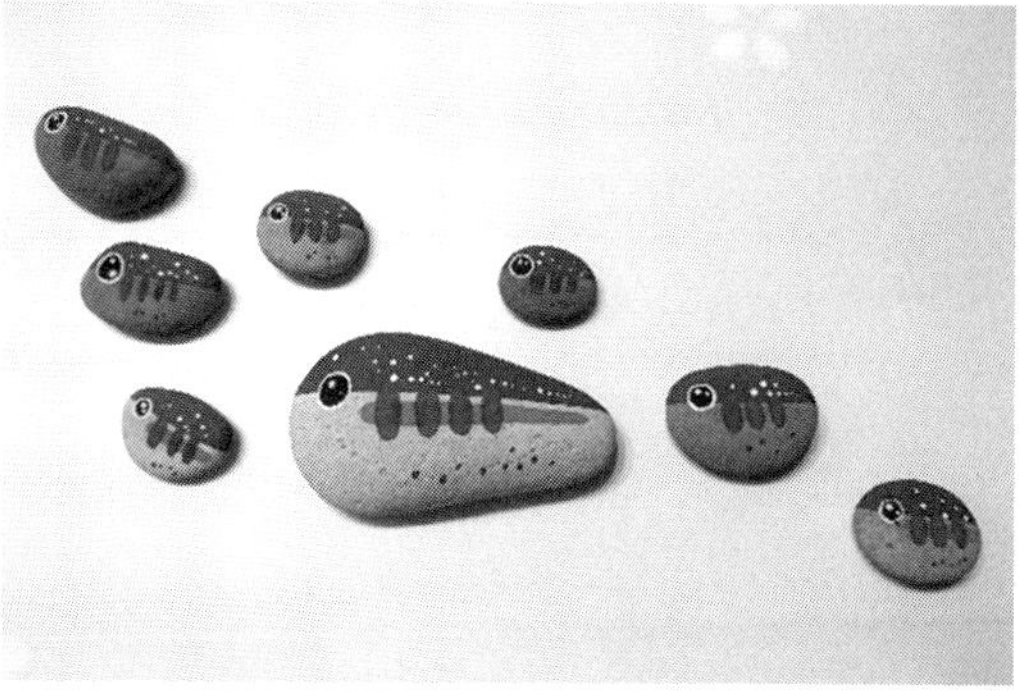

そして、つくったのがこれです（写真）。
川原から角がとれた丸い石を拾ってきて、アクリルガッシュという絵の具でヤマメを描いてみました。石をたくさん拾ってきてしまったので、ヤマメが群れになってしまいました。それで、玄関にも飾ってみました。

このように、私の自然の親しみ方は、造形的な活動となって表れるときもあるのです。

(6) 大人になってからの話（アリの話）

私の理科仲間に、「女王アリ」に興味をもっている人がいます。その友人から、クロオオアリの女王アリをもらいました。生まれてはじめてじっくり見ることができたのですが、その大きさにびっくりしました。採集方法について聞いたところ、次のおもしろい習性を教えてくれました。

- ある時期になると、結婚飛行をするために、女王アリと雄の羽アリが一斉に飛び立つ。
- 交尾をすると、羽をとって、地面を歩き、その後産卵する。

このタイミングで採集するというのです。

友人からもらった女王アリも、やがて卵を産み、そこから働きアリが生まれ、アリが増えていきました。それはそれで楽しかったのですが、私の心には、「自分で女王アリを捕まえてみたい」という気持ちが沸々と湧いてきました。カブトムシをひたすら捕るとか、セミの抜け殻をひたすら集めるとか、川魚をひたすら捕ってくるとか…。基本的なパター

アリの飼育の様子

ンは、小さいときから変わってないですね。

やがて、結婚飛行に適した時期に近づくと、ＳＮＳで「明日は飛びそうです」というアドバイスが友人から届きました。

でもなかなか、その日はやってきません。毎日女王アリを探して回るほど、時間にゆとりがあるわけではありません。私の休日とアリの結婚飛行に適した日が重なるのは奇跡に近い。

しかし、信ずれば叶うものです。フィールドに出かけた日、ムネアカオオアリが結婚飛行を行ったらしく、公園では、羽を落として地面を歩いているムネアカオオアリを運よく見つけることができました。

後から聞いた情報では、その日は私が女王アリを見つけた公園だけでなく、広範囲にわたってムネアカオオアリの結婚飛行が見られたようです。いたるところで、一斉に結婚飛行が行われたという事実を知り、アリはどうやって、そのタイミングを計っているのかが不思議でたまらなくなりました。

そのようにして捕まえたムネアカオオアリは、いまも自宅で飼育中です。

＊

一口に自然の親しみ方といってもさまざまです。私の周囲にはこんな方法で自然に親しんでいる人がいますよ。

●生き物を観察したり調べたりしてわかったことを歌にして、弾き語りをしている人
●大きなバイクを購入して、美しい自然の景色を眺めに行く人
●花粉症の季節、風向きと顔の向きを関係づけて、フィールドに立つ人（これは親しんでいるのか、必死なのか…）
●海外まで出掛けていって、キケンな野生動物に怯えながら（そこまでしなくてもよいと思うが）魚つりをする人
●カロリーコントロールによる体質改善の効果を、自分の体で科学的に追究している人

どの親しみ方にも、必ずその人なりの背景があって、その背景は、小学生時代の経験と無縁ではないように思います。

小学校理科では、「自然に親しむ」ことを大切にしています。小学生時代に「自然に親

しんだ」経験は、（私のように）その後の人生に大きく影響を与えるように思います。それに私は、生涯を通して自然に親しんでほしいと思っています。ですから、子どもにはできるだけ経験という、多くの種を蒔いてあげたいと思うのです。

3.「自然に親しむ」と授業づくり

本章では、「自然に親しむ」ことの大切さ・おもしろさを、私自身の経験をもとに述べてきました。私の小学生のころの経験が、いまにどうつながっているか理解いただけたと思います。

ここで、実際の理科の授業に紐づけてみたいと思います。「自然に親しむ」という言葉をどのように意識すればよいでしょうか？

(1) 直接体験を重視する

まずは、直接体験を重視するということです。

理科の学習の対象となる自然の事物・現象に直接かかわる体験を重視しましょう。昆虫の飼育や植物の栽培などは、できるだけ子ども自身で行うようにすることで、自分と対象との関係を通してかかわることができるようになります。理科室で行う実験などにおいても、できるだけ子ども一人一人がかかわれる機会を保障しましょう。そうすることで、繰り返し対象にかかわることができ、かかわりを通して自分が解決したい問題を見いだしたり、解決したりすることができるようになります。

野外に出かけるときも、安全面の指導を行ったうえで、じっくりかかわれる時間を保障しましょう。

昔と比べると、学校以外の場所で子どもが自然に親しめる機会は少なくなっています。ですから、教師が理科の時間のなかで、自然の事物・現象に直接かかわる時間を保障することがとても重要です。

3年生の昆虫に関する学習で、モンシロチョウを卵から成虫まで飼育することがあると思います。教師は、昆虫の学習があるからモンシロチョウの幼虫を観察する活動を行うんだ、という意識をもっているかもしれません。これに対して、子どものほうはどうでしょうか？

モンシロチョウを卵から飼育して成虫まで育てることは、その子どもの人生における最初で最後の経験かもしれません。それだけ貴重な経験をしているのです。

教師は、その子どもにとっての、その活動の意味を考える必要があると思います。もし幼虫が脱皮する瞬間に立ち会うことができたら…、もしモンシロチョウが羽化する瞬間に立ち会うことができたら…、そして、そばにいる大人が、「すごいね」と共感してあげることができたら…。生命が躍動することのすばらしさを実感できるかもしれないのです。子ども一人一人の人生における、理科の学習を通じた直接体験の重要性を改めて考えることが大切だと思っています。

(2) 子どもが感じたことに寄り添う

教師は、あらかじめ単元の構想をもっています。ですから、子どもが見いだした問題について、「これは単元のなかで扱うことができる」「これは単元のなかでは扱えない」と選別するのは当然のことだと思います。

しかし、たとえ単元のなかで扱うことができなかったとしても、教師は子どもの考えに寄り添い、受け止めてあげることが重要だと思います。授業では扱いにくい問題でも、子どもが対象から見いだしたことには変わりはないのですから。

実際、単元のなかで解決できない問題だったとしても、「そんなことを考えたのですね。それって、不思議だよね」と共感することができれば、その子どもは、自分が見いだした問題を抱きながらその後の学習を進めていけるでしょう。

それに、授業のなかでその子どもが問題を解決した瞬間に立ち会えなくても、いいではないですか。できるだけ多くの種を蒔くことが大事だと思います。その種が、自然に親しむことにつながることを信じて。

(3) 観察器具やICTなどを効果的に使う

遠くの野鳥を観察するには、双眼鏡。初めてオオルリを見たときに、こんなに美しい鳥が身近にいるのかと、とっても驚いたことをいまでも覚えています。

花粉を顕微鏡で見ると、花によって花粉の形が違っていて、その巧妙さを感じることができるでしょう。メダカの卵を実体顕微鏡で見ると、心臓が動いている様子が観察できて感動的です。

このように、観察器具を有効に活用することで、大きな感動を得ることができます。また、大型モニターなどに映して、全員で共有することで、その感動をみんなで分かち合うことだってできます。

その瞬間、学習したことに「感情タグ」がつきます。感情タグがつくと、長期記憶に残ります。このような学びは、大人になっても忘れられない思い出となり、それをきっかけとして、自然に親しむことができるようになるのです。

第3章

見方・考え方

またまた登場しました、小学校理科の目標です。

自然に親しみ、理科の見方・考え方を働かせ、見通しをもって観察、実験を行うことなどを通して、自然の事物・現象についての問題を科学的に解決するために必要な資質・能力を次のとおり育成することを目指す。

(1) 自然の事物・現象についての理解を図り、観察、実験などに関する基本的な技能を身に付けるようにする。
(2) 観察、実験などを行い、問題解決の力を養う。
(3) 自然を愛する心情や主体的に問題解決しようとする態度を養う。

（傍線は筆者）

本章でテーマとする「見方・考え方」は、少し手強いです。なぜなら、これまでの学習指導要領が示してきた「見方や考え方」とは、とらえが異なるからです。

そこで、新学習指導要領における「見方・考え方」について説明します。少し堅苦しい話になりますが、これを述べないことには、先に進むことができませんので、少々辛抱してください。

1．新学習指導要領における「見方・考え方」の整理

何がどう変わったのかを知るために、まず現行学習指導要領で定める小学校理科の目標を示します。

自然に親しみ、見通しをもって観察、実験などを行い、問題解決の能力と自然を愛する心情を育てるとともに、自然の事物・現象についての実感を伴った理解を図り、科学的な見方や考え方を養う。

目標の文末表現は「科学的な見方や考え方を養う」であり、それ自体が目的として位置づけられていました。この「見方や考え方」は、「問題解決の活動によって児童が身に付ける方法や手続きと、その方法や手続きによって得られた結果及び概念を包含する」と説明されています。

これに対して、今回の改訂では、育成を目指す資質・能力が3つの柱で整理され、各教科等の目標も3つの柱で整理されました。ですから、冒頭の新学習指導要領の目標に

ある⑴、⑵及び⑶の育成を目指すことが目的として位置づけられたわけです。

さらに、「見方・考え方」は「物事を捉える視点や考え方」と定義され、資質・能力を育成する過程において、子どもが働かせるものとして、全教科等を通して位置づけられました。

「見方や考え方」から「見方・考え方」へと、表現が一部変わっただけではないかと思われる方もいるかもしれませんが、その定義が変わったということです。いままで小学校理科で使ってきたような使い方ができなくなったということです。

まず、〝自然の事物・現象をどのような視点でとらえるか〟という「見方」についてですが、理科を構成する領域ごとの特徴から整理を行っています。

自然の事物・現象について、

- 「エネルギー」を柱とする領域では、主として〝量的・関係的な視点〟でとらえる。
- 「粒子」を柱とする領域では、主として〝質的・実体的な視点〟でとらえる。
- 「生命」を柱とする領域では、主として〝共通性・多様性の視点〟でとらえる。
- 「地球」を柱とする領域では、主として〝時間的・空間的な視点〟でとらえる。

このように、それぞれの領域における特徴的な視点として整理したわけです。ただし、以下の点に留意が必要です。

●この４つの特徴的な視点は、それぞれ領域固有のものではなく、その強弱はあるものの、他の領域においても用いられる視点である。
●この４つの視点以外にも、理科だけでなく、さまざまな場面で用いられる原因と結果をはじめとして、部分と全体、定性と定量などといった視点もある。

次に、〝どのような考え方で思考していくか〟という「考え方」については、これまで理科で育成を目指してきた問題解決の能力をもとに整理を行っています。

現行学習指導要領では、問題解決の能力として、以下の能力の育成を目指すことが示されていました。

[第３学年] 身近な自然の事物・現象を比較して調べること。
[第４学年] 自然の事物・現象を働きや時間などと関係付けながら調べること。
[第５学年] 自然の事物・現象の変化や働きをそれらにかかわる条件に目を向けながら調べる

こと。

［第6学年］自然の事物・現象についての要因や規則性、関係を推論しながら調べること。

右記の「比較」「関係付け」「条件に目を向ける」「推論」は、重要なキーワードです。新学習指導要領では、この部分をもとに「見方・考え方」のうちの「考え方」を検討したからです。つまり、子どもが問題解決の過程のなかで用いる「比較」「関係付け」「条件制御」「多面的に考えること」を「考え方」として整理したのです。

2.「見方・考え方」を働かせる私

(1) ツルニチニチソウ

私が小学校教師として授業を行っていたころの理科の目標は、「科学的な見方や考え方を養う」でした。ところが、今回の改訂では、どの教科等においても、目標において「見方・考え方を働かせ（生活科は『生かし』）」というフレーズが盛り込まれたことで、私は戸惑い、とても悩んでいました。

私は教科調査官という立場上、新学習指導要領改訂の趣旨について、さまざまな場でお話をさせていただいています。そんな私が、会場のみなさんに向かって「これは大切ですよね」と問いかけることは、ひるがえってみなさんから私自身が問われることだと思っています。「本当にあなたは、それを心から大切だと思っているのですか？」と。

「見方・考え方を働かせる」ことが、今回の改訂の重要なキーワードであることは間違いありません。しかし、私自身が正しく理解し、心から大切だと思って話ができなければ、改訂の趣旨さえ理解いただけないと思っているのです。ですから「見方・考え方を働かせる」とはどういうことなのかを誰よりも早く、具体的なイメージをもって理解しなければと、内心かなり焦っていました。

そこで、私がとった行動は、とにかく自分の日常生活において、私自身が「見方・考え方」を働かせてみるということでした。

ちょうどそのころ、私の理科の仲間が、次のようにアドバイスをしてくれました。

「見方を働かせるっていうのは、メガネをかけるってことかもしれないですね」と。

それを聞いて、〝なるほど〟と思いました。自分で意識的に理科の見方を働かせる、つまり意識的に理科のメガネをかけてみることにしたわけです。

私は、生き物に興味がありますから（もう、知ってますよね）、理科のメガネのなかでも、特に生命を柱とする領域での特徴的な見方である「共通性・多様性」というメガネを（あえて意識しなくても）ついかけてしまいます。そんな私の目にとまったのが、街路樹下にある「ツルニチニチソウ」という植物でした。

私は、ガーデニングも好きで、自宅の庭にもこの植物を植えていたので、以前から知っていました。

私が見つけた街路樹下のツルニチニチソウ

しかし、「共通性・多様性」という理科のメガネをかけて見たとき、これまでとは違った視点で「ツルニチニチソウ」が見えてきたのです。

そこで、ここではそのプロセスを詳しく述べていきます。

まず、植物の葉っぱを想像してみてください。ほとんどの方は、緑色をした葉っぱを思い浮かべると思います。

で、私が見つけたツルニチニチソウは、これです（写真）。

みなさんのなかで「あれっ？」と思った方もいるのではないでしょうか？ 白黒写真でわかりにくいとは思いますが、緑色だけでなく、葉の縁が白色であることに。

この瞬間、「葉っぱに白い部分がある植物って、ほかにどんな植物があるんだろう？」という問題（少し大げさですが）が、私のなかに生まれたのです。これは、「共通性・多様性」というメガネをかけて見たことで生まれた問題です。ほかの葉っぱと比較してみたくなったのです。

この後、私はこの問題を抱えながら、道路沿いの植物を探して歩くのですが、そのときは、「共通性・多様性」のメガネをかけっぱなしです。「比較」もしています。すると、葉っぱに白い部分がある植物が目にとまるようになります。その結果として、「ツルニチニチソウのほかにも、葉っぱに白い部分がある植物がたくさんある」ことを認識したのです。

このとき、次のことが実感としてわかってきました。

- 「見方・考え方」を働かせることができれば、自分なりに解決してみたいと思う問題が生まれる。
- その問題を抱えているときも、「見方・考え方」を働かせている。

さらに重要なことに気がつきました。

先ほど私は、「葉っぱに白い部分がある植物って、ほかにどんな植物があるんだろう?」という問題が生まれたと記しました。これは、私が大人だから? それとも、教師だから? ということではありません。植物の葉っぱは緑色であるという知識をもっていれば、子どもであっても、私と同じような問題が生まれるのではないか…このことに私は気づいたのです。たとえ、小学1年生であっても、（意識的なのか、無意識的なのかは別として）「比較」「共通性・多様性」という視点で見方・考え方を働かせているということです。

ただ実際は、専門的な知識をもっている大人とそうでない子どもでは、同じ「見方・考え方」を働かせても、同じ問題が生まれるわけではありません。

たとえば、「葉の白い部分＝斑入り＝葉緑素がない部分」という知識をもっていれば、「どうして、ツルニチニチソウは葉の外側では光合成をしないのだろうか」とか、「斑入りのツルニチニチソウと斑入りではないツルニチニチソウでは、育ち方に違いがあるのだろうか」といった問題が生まれるでしょう。

他方、たいていの小学1年生には、このような問題は生まれないでしょう。なぜなら、「葉緑素」「光合成」などといった知識をもっていないからです。つまり、**ツルニチニチソウという同じ自然の事物・現象を、「共通性・多様性」という同じ見方を働かせたときに生まれてくる問題は、おのおのがもっている知識に左右される**ということです。

誰もが、最初から「葉の白い部分＝斑入り＝葉緑素がない部分」という知識をもっているわけではありません。しかし、そうした学術的な知識をもたない小学1年生であっても、「葉っぱは緑色だと思っていたのに、葉っぱに白い部分がある植物ってあるのかな？」という問題であれば、自ら見いだし、解決することができます。このとき、「緑色の葉っぱに、白い部分がある植物もあるんだ」と、植物についての知識が更新されるのです。

さらに、今度は、更新された知識をもとに、再び「見方・考え方」を働かせられれば、「同じ植物なのに、葉っぱが緑色のものと、葉っぱに白い部分があるものとでは、成長に違いはあるの？」「もし、違いがあるなら、葉っぱに白い部分がある植物のすべてにも言えるの？」といった新たな問題が生まれるかもしれません。そうした問題を次々と解決していければ、植物についての知識はどんどん更新され続けていくのです。

今回の改訂における「見方・考え方」は、資質・能力とは分けて整理されています。これは、子ども自ら「理科の見方・考え方」を意識的に働かせながら、繰り返し自然の事物・現象にかかわることで、「見方・考え方」はより豊かで確かなものになり、育成を目指す資質・能力がさらに伸ばされていくという整理なのです。

こうしたことを、ツルニチニチソウを通して、私は納得することができたのです。

(2) ハンゲショウ

斑入りの話でもう一つ。

SNSを使って、理科の仲間がハンゲショウの写真を送ってくれました。私はハンゲショウという植物があることは知っていましたが、特別に詳しいわけではありませんでした。

ハンゲショウの葉っぱにも白い部分があります。先ほどのツルニチニチソウと同じように。しかし、白い部分の入り方は、ツルニチニチソウとは明らかに違います。これを見た私には、「ハンゲショウは、どうして半分だけ葉っぱが白いのだろう?」という問題が生まれました。そんな話をしたら知人が、すぐに調べて教えてくれました。

仲間が送ってくれたハンゲショウ

ハンゲショウの花は、夏至から10日目くらいの時期に咲きます。房状の花には花弁がないので、花の下の葉の葉緑素が消えて白転するそうです。葉が花弁の役

割をして、昆虫を誘い、受粉を促す役目をしているそうです。同じ仲間のドクダミの白い花弁に見える部分と同じ働きをするそうです。

ハンゲショウは、受粉のために昆虫を呼び寄せる戦略を、いつ獲得したというのでしょう。受粉して命をつなぐという点では共通していますが、その方法は実に多様です。〝ハンゲショウってすごいな〟と思うと同時に、〝植物ってすごいな〟と思います。

(3) 新緑の季節

ある日、東京の街を歩いていました。すると、前方に見える街路樹がとても美しく見えました。近づいてみると、その理由がわかりました。暖かくなって新しく芽吹いた葉が、黄緑色だったのです。

冬を越した葉は緑色で、それらの色合いが私に〝美しい〟と感じさせたということです。このときの私は、おそらく図画工作科でいうところの「造形的な見方・考え方」を働かせていたのだろうと思います。

色合いの美しさの原因を理解した私は、ここでも「共通性・多様性」の見方を働かせ、「他の植物も、暖かくなって新芽を出しているのなら、黄緑色のはず」と思いながら歩い

冬を越した葉の緑黄色

ていきました。

思ったとおり、新芽は黄緑色でした。ところが、黄緑色どころか、真っ赤の植物がありました。家の垣根に利用される「レッドロビン」という植物です。

そこで、私はまたしても「共通性・多様性」という見方を働かせて、他の植物と比較することで、「どうして、レッドロビンの新芽は赤いのか？」という問題を見いだしました。この問題を解決するために、私がとった行動は、「スマートフォンで検索する」でした。そんな問題解決もありますよね。

すると、「クロロフィル」とか「アントシアニン」といった言葉が出てきました。私が最初に検索したサイトでは、「新緑の季節は、葉の成長が速いので、クロロフィルの製造が間に合わないので、赤い」と書かれていました。

しかし、この説明ではどうにも納得いきません。製造が間に合わないのであれば、少し赤く、少し黄緑色でもよいはずです。こんなにはっきりと赤い色をしているのですから、ほかに理由があると考えたのです。
そのような問題を抱えつつ街を歩いていると、いろいろな情報がどんどん私の視界に飛び込んできます。

結構たくさんの植物の新芽が赤いんです。「新緑の季節はいいよね」なんて言っていたのに、こんなにも新芽が赤い色をしているとは思いもしませんでした。みなさんもぜひ探してみてください。思った以上に赤いですから。

そこで、もう一度調べてみました。今度は、「新芽は強い日差しでダメージを受けるので、クロロフィルをアントシアニンが守っている」と書いてありました。

レッドロビン

鵜呑みにするつもりはありませんが、新芽が赤い色をしていることがあるという事実は本当で、植物には何かしらの戦略があることを知ることができた私は、再び〝植物ってすごいな〟と思ったのです。そして、ハンゲショウのエピソードと同じようにこうした感情が生まれるということこそ、自分自身のなかで自然を愛する心情が涵養されていることなのだと思ったのです。

新芽が赤い植物たち（カラーじゃなくてスミマセン…）

(4) 知と未知

アメリカの海洋生物学者のレイチェル・カーソンは、その著書『センス・オブ・ワンダー』（上遠恵子訳、新潮社）において、次のように述べています。

子どもたちの世界は、いつも生き生きとして新鮮で美しく、驚きと感激にみちあふれています。残念なことに、わたしたちの多くは大人になるまえに澄みきった洞察力や、美しいもの、畏敬すべきものへの直感力をにぶらせ、あるときはまったく失ってしまいます。

妖精の力にたよらないで、生まれつきそなわっている子どもの「センス・オブ・ワンダー」をいつも新鮮にたもちつづけるためには、わたしたちが住んでいる世界のよろこび、感激、神秘などを子どもといっしょに再発見し、感動を分かち合ってくれる大人がすくなくともひとり、そばにいる必要があります。

美しいものを美しいと感じる感覚、新しいものや未知なものにふれたときの感激、思いやり、憐れみ、賛嘆や愛情などのさまざまな形の感情がひとたびよびさまされると、次はその対象となるものについてもっとよく知りたいと思うようになります。そのようにして見つけだした知識は、しっかりと身につきます。

消化する能力がまだそなわっていない子どもに、事実をうのみにさせるよりも、むしろ子どもが知りたがるような道を切りひらいてやることのほうがどんなにたいせつであるかわかりません。


「センス・オブ・ワンダー」とは、「自然の不思議さや神秘さに目を見張る感性」だと訳されています。

私の周りには、大人になっても「センス・オブ・ワンダー」を保ち続けている人がたくさんいます。そして、その人たちのように、大人になっても保ち続けるためには何を大切にしていけばよいのだろうと、私はずっと考えてきました。

その答えを、私は新学習指導要領に見いだすことができました。「見方・考え方」を働かせることが、「センス・オブ・ワンダー」を磨くことに大きな影響を与えるのではないか、と考えたのです。

ツルニチニチソウにせよ、ハンゲショウにせよ、発見と驚き、問題を与えてくれたのは、「見方・考え方」を意識的に働かせたことの結果です。このことによって、私は1つの考えをもつことができました。

それは、自然の事物・現象を目の当たりにしたとき、自分なりの見方を働かせることで問題を見いだすことができる、そして、その問題を解決できた後も、再び見方を働かせることで新たな問題を見いだすことができる。すなわち、1つの問題が解決し1つの知識を得ることで終わりなのではなく、見方・考え方を働かせ続けることによって、さらなる未知に気づき、追究をリスタートできる。

この追究に終わりはありません。ですが、心配には及びません。重要なのは、追究の過程なのですから。**問題を追究し続けるその過程こそが、〝植物はすごいなぁ〟という「センス・オブ・ワンダー」**（自然の不思議さや神秘さに目を見張る感性）**を私たちに与えてくれる**のです。私はそのことに気づくことができました。

＊

小学校では、6年生で「てこの働き」を学習します。支点、力点、作用点です。力点が支点に近ければ近いほど、力が必要になることはご存知かと思います。

さて、ある研修会に参加していたときのことです。自然観察の時間がありました（あいにくの雨模様だったので、室内で行われました）。講師は、道路から、街路樹のユリノキの葉を拾ってきて、私たちにもたせました。ユリノキの大きな葉の葉柄（植物の葉と茎を接続している小さな柄）の先をもたせてくれたのです。これが、かなり重いのです。

ユリノキの葉柄の先

講師の先生は、「ユリノキはそれを1点で支えている」ことを教えてくれました。あれほど重いものを、ユリノキはこの1点で支えているのです。大雨の日も、強風の日も。私は、植物をそのような視点で見たことがありませんでしたから、とても新鮮でした。

でも、言いたいことはここからです。

これまでの私なら、このことを知っただけで満足していたことでしょう。しかし、このときは違いました。

「他の植物だって、葉を支えている部分がある。他の植物の葉を支えている部分はどうなっているのだろう」という問題が瞬間的に生まれたのです。これは、

他の植物はどのように葉を支えているのか

「共通性・多様性」の見方を働かせることで生まれた私自身の問題です。

このとき、急に視界が開けた感覚を覚えました。知らない世界がそこにあるということに気づいた瞬間であり、これは、私にとって貴重な体験でした。

自然観察の時間が終わると、私は研修センター内の植物を見て回りました。すると、どの植物も、葉を支える支点の仕組みを工夫していることがわかりました。構造を頑丈にしていたり、形を丸めていたり…。改めて、植物のすばらしさを感じることができました。

今回、植物の構造に感動することができたのも、「見方・考え方」を働かせたことによるものだとすれば、やはり**「見方・考え方」を働かせることは、「センス・オブ・ワンダー」を新鮮に保ち続けるための重要な要素になる**のではないかと思うのです。

＊

教師時代、私は子どもたちによくこんな話をしていました。

知と未知の更新

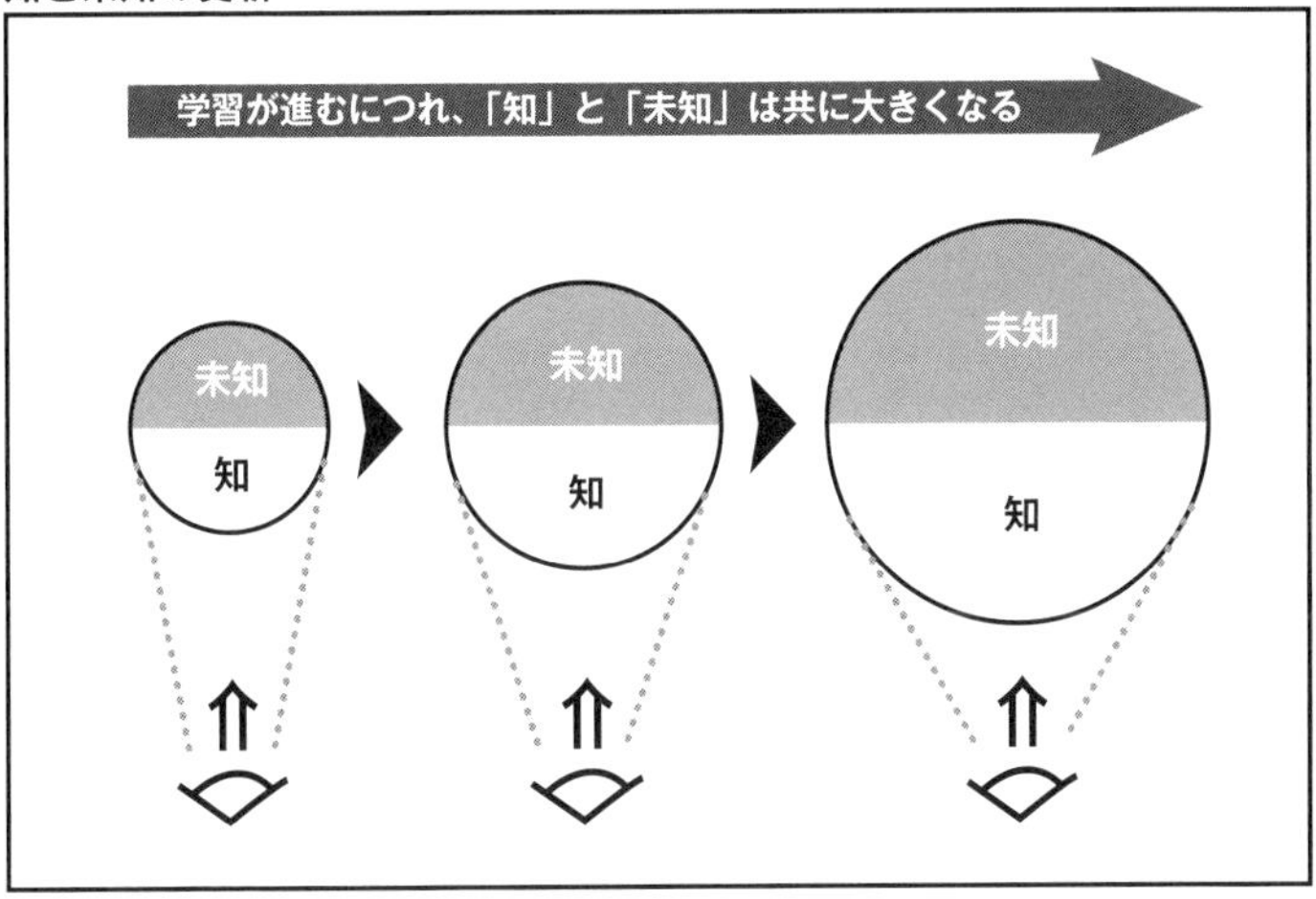

ピンポン球くらいの球があるとするね。片側から光が当たって半分だけが明るいとするよ。その明るいほうを「自分が知っている世界」＝「知の部分」だとします。そして、反対側のくらい部分を「自分が知らない世界」＝「未知の部分」だとします。

みんなが勉強すると、知識が増えるでしょ。だから、「知の部分」がドッジボールくらいになったとします。すると、ほら、「未知の部分」も増えたでしょ。

知れば知るほど、知らない部分も増えていく。学ぶということは、知識を得て、〝オレは何でも知ってるぞ〟ってことではなく、自分にはまだまだ知らないことがあるんだなって思えることなんじゃないかな。

学ぶことによって、知識は獲得される。のみならず、新たな知識の獲得によって、自分の知らないことに気づける。このことが、もっと知りたいという気持ちを高めてくれるのだと思います。この知と未知の更新も、〝「見方・考え方」を働かせることが一役買っているのではないか〟と思いはじめています。

3.「見方・考え方」を働かせることと授業づくり

本章では、私自身のエピソードを交えながら「見方・考え方」を働かせることを中心に述べてきました。読者のみなさんのなかには、「では、授業づくりにどのように生かせばいいの?」という問題が生まれていると思います。

この問題については、今後先生方の実践によって明らかにされていくべきところだとは思いますが、現段階で私が考えていることを述べたいと思います。

(1) 単元で主に働かせる「見方・考え方」

小学校理科では「見方・考え方」を「見方」と「考え方」に分けて整理しています。

「見方」は、理科を構成する領域ごとの特徴から整理を行いました。領域は、科学の基本的な概念等を柱として構成していますから、資質・能力との関係で言えば、「知識及び技能」と関係していると言えるでしょう。ですから、授業を行う際、その単元が、どの領域に位置づけられているかを確認しましょう。

たとえば、第3学年A⑵「風とゴムの力の働き」であれば、エネルギーを柱とする領域に位置づけられていますから、主に働かせる「見方」は「量的・関係的」と考えることができます。

他方、単元が位置づけられている領域から、主に働かせる「見方」を考える際、気をつけなければいけないことがあります。それは、領域ごとに示した「見方」は、あくまでも特徴的なものを示したのであって、その見方を絶対に働かせなければならないということではないということです。

たとえば、第5学年B⑶「流れる水の働きと土地の変化」という内容のまとまりがあります。これは、地球を柱とする領域に位置づけられていますから、「時間的・空間的」という見方を働かせることになります。

しかし、そこで子どもが習得する内容の1つである「(ウ) 雨の降り方によって、流れる水の速さや量は変わり、増水により土地の様子が大きく変化する場合があること」をとらえる際には、片方の量（流れる水の速さや量）が変わるのに伴って、もう片方の量（たとえば、削られる土の量）も変わるのかという、「量的・関係的」な見方を働かせることもあるでしょう。

このように、領域ごとに示した「見方」は、あくまでも特徴的なものとしてとらえてほしいのです。

話を「風とゴムの力の働き」に戻します。次に、単元で子どもが習得すべき知識を確認しましょう。

学習指導要領では、以下の2点が示されています。

(ア) 風の力は、物を動かすことができること。(A) また、風の力の大きさを変えると、物が動く様子も変わること。(B)

(イ) ゴムの力は、物を動かすことができること。(A) また、ゴムの力の大きさを変えると、物が動く様子も変わること。(B)

（傍線(A)、波線(B)は筆者による）

右記の傍線(A)は、風の力やゴムの力は物を動かすことができるということであり、ここには、「原因と結果」の見方が反映されているといえます。

また波線Ⓑは、風の力やゴムの力の大きさを変えると、それに伴って物が動く様子も変わるということであり、ここには、「量的・関係的」の見方が反映されていることがわかります。

つまり、「風やゴムの力の働き」の単元では、子どもが「原因と結果」、または「量的・関係的」という見方を働かせながら問題解決を行うことができるように支援していくことだと考えられます。

このように、単元が位置づけられている領域と単元で子どもが習得する知識をもとに、その単元で主に働かせる見方を想定していくとよいでしょう。

これは、教師が授業を構想する段階での話です。実際の授業では、子どもが教師の想定していない見方を働かせることもあるでしょう。このとき、「この見方しか働かせてはいけません」「その見方は間違っています」と言ってはいけないと思います。

子ども一人一人が自分の見方を大切にして、お互いに認め合いながら学習を進めてほしいのです。人類の生活を豊かにする大発明は、みんなとは異なる見方を働かせたときに見つかるかもしれませんよね。

一方、「考え方」は、現行学習指導要領で育成を目指してきた問題解決の能力をもとに整理しました。問題解決の能力は「思考・表現」という観点で評価してきましたので、資質・能力との関係で言えば、「思考力、判断力、表現力等」と関係しているといえるでしょう。

新学習指導要領では、問題解決の力をより明確にしています。

［第3学年］ 主に差異点や共通点を基に、問題を見いだす。
［第4学年］ 主に既習の内容や生活経験を基に、根拠のある予想や仮説を発想する。
［第5学年］ 主に予想や仮説を基に、解決の方法を発想する。
［第6学年］ 主により妥当な考えをつくりだす。

差異点や共通点をもとに問題を見いだすには、複数の自然の事物・現象を比較し、その差異点や共通点をとらえることが大切です。

また、既習の内容や生活経験をもとに、根拠のある予想や仮説を発想するには、自然の事物・現象同士を関係づけたり、自然の事物・現象と既習の内容や生活経験と関係づけたりすることが大切です。

さらに、予想や仮説をもとに、解決の方法を発想するには、自然の事物・現象に影響を与えると考えられる要因を予想し、どの要因が影響を与えるかを調べる際に、これらの条件を制御するといった考え方を用いることが大切です。

そして最後に、より妥当な考えをつくりだすには、自然の事物・現象を多面的に考えることが大切です。

これらのことは、**子どもにどのような問題解決の力を育成するのかによって、主に働かせる「考え方」が異なる**ということです。

授業を構想する際に、その時間で主にどのような問題解決の力を育成するのかを考えればおのずと、主に子どもが働かせる「考え方」が見えてくるでしょう。

(2) 主に働かせる見方をもとに授業を構想する

ここでは、単元のなかの1つの問題解決をイメージして、その授業の構想の仕方について考えます。

問題解決の活動とは、子どもが問題を見いだし、予想や仮説を発想し、観察、実験などを行い、結果をもとに考察し、結論を導出するという一連の活動を指します。これは1単位時間である45分間の場合もあれば、90分間という場合もあります。いえ、もっと長い場合だってありますね。

授業を構想する際にまず考えるべきことは、この問題解決において、最終的にどのような結論を導出するのかということです。この結論こそが、その段階での子どもの知識となり、後々の学習によって更新されていくものです。

たとえば、先の第3学年A⑵「風やゴムの力の働き」で考えてみましょう。「ゴムの力の大きさを変えると、物が動く様子も変わる」ことを結論にしたいと考えたとします。この結論にはどのような「見方」が反映されていましたか？　そうです。「量的・関係的」な見方ですね。片方の量（ゴムの力の大きさ）を変えると、それに伴って、もう片方の量（物が動く様子）も変わるということです。

結論に、「量的・関係的」な見方が反映されているのであれば、結論と正対する問題にも、「量的・関係的」な見方が反映されていることになります。

では、「量的・関係的」な見方が反映された問題は、どこから生まれてくるのでしょうか？

問題は、教師が一方的に提示するものではありません。自然の事物・現象に出合って、子どもが見いだすものです。ですから、子どもが「量的・関係的」な見方を働かせることができるような自然の事物・現象との出合いを考えることが大切になります。

このように、**結論から問題、そして事象提示と同じ見方が反映されるようにさかのぼって授業を構想すればよい**のではないかと考えます。この辺りは、私の想像の域を出ない考えでもあるので、これからの先生方の実践を楽しみにしているところです。

第4章

科学的

またまた、小学校理科の目標の登場です。サブリミナル効果をねらって、知らない間に理科好き教師にしようとしているわけではありません…。

自然に親しみ、理科の見方・考え方を働かせ、見通しをもって観察、実験を行うことなどを通して、自然の事物・現象についての問題を科学的に解決するために必要な資質・能力を次のとおり育成することを目指す。

(1) 自然の事物・現象についての理解を図り、観察、実験などに関する基本的な技能を身に付けるようにする。
(2) 観察、実験などを行い、問題解決の力を養う。
(3) 自然を愛する心情や主体的に問題解決しようとする態度を養う。

（傍線は筆者）

（「見方・考え方」と同様に）今回の改訂においては、目標に登場する「科学的」の位置づけも変わりました。本章では、この「科学的」について掘り下げていきたいと思います。

1. 新学習指導要領における「科学的」の整理

何がどう変わったのかを知るために、現行学習指導要領の目標を示します。

> 自然に親しみ、見通しをもって観察、実験などを行い、問題解決の能力と自然を愛する心情を育てるとともに、自然の事物・現象についての実感を伴った理解を図り、科学的な見方や考え方を養う。
> （傍線は筆者）

現行学習指導要領では、「科学的な見方や考え方を養う」と示されており、「科学的」は、「見方や考え方」を修飾する言葉として位置づけられていました。

これに対して、新学習指導要領では、（前章でも述べたように）「見方・考え方」のとらえが変わったので、「科学的」も「見方・考え方」を修飾する言葉として使用することはできないと考えました。そこで、新学習指導要領では、「問題を科学的に解決する」としました。

小学校理科において、「問題解決」は、これまでも、そしてこれからも大切な言葉ですが、小学校理科だけが「問題解決」を大切にしているわけではありません。どの教科等でも「問題解決」は大切なのです。

小学校理科においては、その問題解決を「科学的に」行うということなのです。では、「問題を科学的に解決する」とはいったいどういうことなのでしょうか？　学習指導要領解説には、次のように記されています。

科学が、それ以外の文化と区別される基本的な条件としては、実証性、再現性、客観性などが考えられる。実証性とは、考えられた仮説が観察、実験などによって検討することができるという条件である。再現性とは、仮説を観察、実験などを通して実証するとき、人や時間や場所を変えて複数回行っても同一の実験条件下では、同一の結果が得られるという条件である。客観性とは、実証性や再現性という条件を満足することにより、多くの人々によって承認され、公認されるという条件である。

「科学的」ということは、これらの条件を検討する手続きを重視するという側面から捉えることができる。つまり、「問題を科学的に解決する」ということは、自然の事物・現象についての問題を、実証性、再現性、客観性などといった条件を検討する手続きを重視しながら解決していくということと考えられる。

（傍線は筆者）

このように、解決したい問題を、「実証性」「再現性」「客観性」などに着目しながら解決していくということになります。

2.「科学的」の説明なのに、UFOの話

「科学的」という言葉を耳にすると、「むずかしそう…」「私には無理…」と思ってしまう人も少なくないでしょう。しかし、小学校理科では、とても重要なキーワードにしています。この言葉を抜きにして、小学校理科を語ることはできません。そこで、多くの人に「科学的」とはどういうことかを理解してもらいたくて、UFOの話をします。

私が生まれ育った町には、シンボルになる山があります。この山がとても美しい円錐形をしていて、なんとこの山こそが、UFOの基地なのではないかという噂があ

UFOの秘密基地

ります。その山の麓にはＪＲバスの停留所があるのですが、その名前が「ＵＦＯの里」なのです。その山の頂上には「ＵＦＯコンタクトデッキ」があります。ＵＦＯとコンタクトできるのですよ。

中腹には、「ＵＦＯふれあい館」や「ＵＦＯ物産館」があります。街中にはアダムスキー型の街灯があります。

このように、我が町はＵＦＯで町おこしをしている珍しい町なのです（どの町の出身なのか、すぐにバレますね）。

読者のみなさんのなかには、次の疑念が生まれていると思います。そう、「ＵＦＯは目撃されているのか」ということですね。この疑念に対する回答は、少し、いやかなり誇張して、「町民は全員、〝ＵＦＯは出ます〟と答えますよ」と言っておきましょう。

町民全員が「ＵＦＯは出ます」と答えるということは、町民全員に合意形成ができているわけですから、ＵＦＯは多くの人々に承認され、公認されているという条件を満たしているということになります。だから、この場合のＵＦＯは、科学的にＯＫということになりますね。

〝なんか釈然としないな〟そんなふうに思っている方、たくさんいるのではないでしょうか。

では、科学的にOKなのかどうかを探っていきましょう。それは、「科学的」とはどういうことか、前述の学習指導要領解説でどう説明されているかを振り返ればわかります。まずは「客観性」です。これは、「多くの人々によって承認され、公認されるという条件」でしたね。ということは、町民全員が「UFOは出ます」と言っているのだから、「客観性」がありそうですね。

でもその前に、「実証性」「再現性」というキーワードがありましたね。「実証性」とは、「考えられた仮説が観察、実験などによって検討することができるという条件」のことです。また「再現性」とは、「仮説を観察、実験などを通して実証するとき、人や時間や場所を変えて複数回行っても同一の実験条件下では、同一の結果が得られるという条件」のことです。

ですから、「UFOの存在を、観察、実験などによって検討することができるのか」(実証性)、さらに「UFOの存在は、人や時間や場所を変えて複数回行っても同一の実験条件下では、同一の結果が得られるのか」(再現性)と言い換えることができます。

つまり、もし仮に、万が一、町民全員が「UFOは存在しますよ」と言っても、「実証性」と「再現性」が担保されていない状況では、「科学的」とは言い切れないことになります。

いかがでしょう。「科学的」について理解してもらえたのではないでしょうか。

3.「科学的」と授業づくり

(1) 実験などで確かめられるかを考える

「磁石のなかはどうなっているのだろう…」
「どうして磁石にはN極とS極があるのだろう…」
「どうして同極同士は退け合うのだろう…」

磁石一つとっても、子どもはこのように、自然の事物・現象にかかわるなかで、実に様々な問題を見いだします。

どの問題も〝確かにそうだよなぁ〟と思います。子どもがこのような問題を見いだすこと自体、すばらしいことです。しかし、理科の授業で、これらの問題を解決することはむずかしいのです。なぜなら、それらの問題について観察、実験などを通して確かめることができないからです。

（前述したように）理科の授業では、「実証性」「再現性」「客観性」などといった側面から検討しながら、問題を解決していくことを重視します。どの問題も、子どもたちが見いだしたものとして大切にし、一緒に「不思議だねぇ」と共感することと同時に、観察、実験などを通して、問題を科学的に解決することの喜びを十分体験させてほしいのです。

(2) できるだけ多くの結果をもとに考える

理科の授業では、さまざまな観察、実験を行います。子ども個人で行える実験であれば個人で行うし、班に1つしか実験器具が準備できない場合は班ごとに行うでしょう。でも、なぜわざわざ子ども一人一人にやらせるのでしょう。教師の演示実験で済ませることだってできるはずなのに…。

子ども一人一人が実験を行うことで、より主体的に学習に取り組むことができるから、というのも理由の一つでしょう。あるいは、子ども一人一人が実験を行うことで、技能が身につくから、という意味もあるでしょう。

しかし、それだけではありません。それが「科学的」に直結します。つまり、結果をもとにして考察し、結論を導き出す際には、できるだけ多くの事実があったほうがよいからです。

自分たちが解決したい問題は、観察、実験などによって検討できることが重要であり、さらに、どの班が実験しても同じ結果が得られていることをもとに考察することが重要なのです。ですから、班ごとに観察、実験を行い、行われた実験の結果は、もれなく全員で共有し、そこからどんなことが言えるかを話し合うことが重要なのです。

教師にとって都合のよい結果だけを共有し、それをもとにして考察してはいけません。一人一人、一班一班の観察、実験などの結果が大切だということです。

どの結果も重要だという認識が共有されていれば、子どもはより真剣に実験に取り組みはじめます。そして、もし結果に違いが生じれば、その違いはどうして生じたのかについての話し合いが自然に起こるでしょう。また、実験中も自分の班の結果だけでなく、ほかの班の結果も知りたくなって、自然に情報交換が生まれるでしょう。

(3) 科学的に話し合う

「言語活動の重視」や「主体的・対話的で深い学び」のなかの「対話的な学び」では、自分なりの考えを明確にしたり、他者と話し合ったりする活動を重視することが大切です。そのときの理科ならではの視点が「科学的」だと思うのです。

「この予想は、実験で確かめることができるの？」

「その解決方法は、私たちの予想を検証するのにふさわしい方法なの？」

「これらの実験の結果から、このように考えていいの？」

こうした話し合いができるようになること。それが、（次章で詳述する）理科で育成を目指す「問題解決の力」なのです。

第5章

資質・能力

小学校理科の目標の登場も、これで最後です。

自然に親しみ、理科の見方・考え方を働かせ、見通しをもって観察、実験を行うことなどを通して、自然の事物・現象についての問題を科学的に解決するために必要な資質・能力を次のとおり育成することを目指す。

(1) 自然の事物・現象についての理解を図り、観察、実験などに関する基本的な技能を身に付けるようにする。

(2) 観察、実験などを行い、問題解決の力を養う。

(3) 自然を愛する心情や主体的に問題解決しようとする態度を養う。

（傍線は筆者）

今回の改訂の大切なキーワードの1つが、この「資質・能力」です。すべての教科等の目標及び内容が、「知識及び技能」「思考力、判断力、表現力等」「学びに向かう力、人間性等」の3つの柱で再整理されました。

これは、知・徳・体にわたる「生きる力」を子どもたちに育むため、「何のために学ぶのか」という各教科等を学ぶ意義を共有しながら、授業の創意工夫や教科書等の教材の改善を引き出すことを目的としています。

小学校理科については、右頁の⑴が「知識及び技能」、⑵が「思考力、判断力、表現力等」、そして⑶が「学びに向かう力、人間性等」に当たります。小学校理科では、この３つの資質・能力の育成を目指すことになります。

1. 資質・能力と東日本大震災

私がこの３つの柱で整理された資質・能力を語るうえで、切っても切り離せない出来事があります。それは、２０１１年3月11日に起きた東日本大震災です。

その日私は、福島県福島市にある小学校に勤務していました。14時46分、突然起きた大きな揺れは、長く長く続きました。室内にある棚からは物が飛び出し、床に落ちては割れる音が何度も響きました。

そのとき、私は緊急時に校内放送する立場にありました。私のデスクの近くには緊急放送システム用の機器がありましたが、その機器さえ、棚の転倒によって破損するのではないかと心配になるほどでした。

あまりにも揺れが長かったので、逆に冷静さを取り戻せたのかもしれません。「地震が収まったら、最初に○○をして、次は…」といったように、行動に移すべきことを思い浮かべることができたくらいです。

揺れ続けている間、〝緊急放送システムが破損しては校内放送ができない〟と思い、途中から私は、倒壊しそうな棚を手で押さえつつ、校内放送用のマイクを握りしめていました。

この地震によって、校舎に亀裂が入り、屋根の一部が崩落しました。しかし、（ありがたいことに）子どもたちや教職員は、全員無事に校庭に避難することができました。

情報通信網が寸断されたなかでの対応です。学校の被害状況はもとより、子どもたちや教職員の家族の安否、自宅などの被害状況の把握は困難を極めました。そのため、その日の子どもたちの完全下校は、深夜に及びました。

さらに、このような大変な状況に追い打ちをかける出来事が起きます。それが東京電力福島第一原子力発電所の事故でした。

この事故を受けてのさまざまな対応に追われるなかで、痛感したことがあります。それこそが、今回の学習指導要領の重要なキーワードである、3つの資質・能力と大きく関係しているのです。

(1)「知識及び技能」と東日本大震災

原子力発電所の事故によって、セシウムなどの放射性物質が大気中に拡散するという事態となりました。避難指示が出され、その対象範囲も次第に拡大していきます。このとき、私はとても戸惑っていました。その原因は、私の「知識」不足です。

私は、放射性物質についての知識をほとんどもっていませんでした。ですから、自分たちが住んでいる場所に放射性物質が飛散してしまった場合、いったいどのような状況になるのか、まるで想像できなかったのです。

もし仮に、放射性物質についての正しい知識をもっていれば、その知識をもとにして、もっと適切な行動をとることができたかもしれません。しかし、知識がないばかりに、思うような判断も、行動もできなかったのです。このとき、〝物事を判断するよりどころとして、知識は非常に大切なものだ〟という当たり前を、私は再認識させられました。

このことを、小学校理科の授業に置き換えてみてください。もし意図が不明確な観察、実験などに多くの時間が割かれ、結論があいまいなまま授業が終わってしまえばどうなるのか。子どもはその学習を通して何の知識も得ることができなくなってしまいます。日々の自分の授業が、〝子どもが結論をしっかりと出し、知識を更新できるものになっているのか〟反省する機会となったのです。

(2) 「思考力、判断力、表現力等」と東日本大震災

事故発生から日を追うごとに、放射性物質の拡散に関するマスメディアの報道が多くなりました。私が住んでいた福島市に避難指示は出されませんでしたが、自主避難をする方々は数多くいました。

自分が住んでいる場所や仕事を離れ、別の場所に避難するという判断は、そう簡単にできるものではありません。たくさん悩んだ末の決断だと思います。かくいう私も、〝私たち家族はどうすべきか〟とても悩みました。

ちょうどそのころ、放射線についての有識者が連日のようにテレビに登場し、見解を述べ合う番組が放映されていました。

「この放射線量であるならば、いますぐにでも避難すべきである」

「この放射線量であるならば、直ちに健康に影響を及ぼすことはない。いますぐ避難しなくても大丈夫である」

こうした番組を見るたびに、私は次のように思っていました。

「いったいどっちが正しいの？　正解を教えてよ」

いま考えると、私の思考は完全に停止状態だったのだと思います。
放射線の問題とどう向き合うかは、（事故が起きてしまった以上）私自身の身近な解決すべき問題であったはずです。それなのに、自分で考えることをせず、〝正解を教えてほしい〟と思ってしまった。つまり、私が行うべきだったこの問題解決を、他者に委ねてしまったのです。

「自主避難する」と「その場に留まる」のどちらが自分たちにとって望ましいのか、その答えの間には、実にさまざまな選択肢があったはずです。それを判断するには、数多くの情報が必要であり、できるだけたくさん自分で集めた情報をもとにして思考し、判断し、行動すべきだったのです。しかし、私にはできませんでした。

私は、このことを小学校理科の授業に置き換えて考えてみました。

子どもは観察、実験を通して何らかの結果を得ます。このとき、もし教師である私にとって都合のよい結果だけをもとにして考察させてしまう、「本当は、こうなるんだ」と言って、結果を与えてしまう、あるいは、自分の班の結果だけで考察させて結論を出させてしまう、そんなことをしたらどうなるか…。

本来、担保しなければならない学びから子どもを遠ざけてしまうばかりか、（震災のときの私のように）与えられた情報を鵜呑みにして一喜一憂してしまう（思考停止してしまう）、そんな大人にしてしまうのではないか…。

そうではなく、理科の授業では、子ども自身が自分で解決したいと思える問題を見いだす、自分たちで観察、実験を行うことを通して、できるだけ多くの結果を得る、それらをもとに考察し、自分たちで結論を出せるようにすることが大切だったはずです。

理科の授業で実現しようとしていることは、〃私たち一人一人が生活していくうえで欠かすことのできない学びを獲得させることなんだ〃ということを、ここでも痛感したのです。

学校が再開してからも、問題の連続でした。通学での放射線の影響、給食の食材、さまざまな行事のあり方、水泳指導…。一つ一つについて協議を重ねていきました。

そのなかに、教室の窓の開閉問題がありました。「窓を開けると、教室内の空間放射線量が上がることが懸念されるため、窓を開けてはいけないのではないか」というものです。

そのころは、教室にエアコンなどありませんでしたので、暑い日に窓を開けないで教室で授業を行うことで、心身ともに疲弊することは、想像に難くありません。

そこで、私は、休日に学校へ行き、教室としては使用していない部屋の窓側と中央に放射線量を測定する機器を置き、窓を全開にして、1日中線量を測定してみました。

そして、そのときの風速（近くに地方気象台がある）と併せてグラフ化し、学校のWEB

サイトに掲載しました（そのころは、毎日、学校の校舎内外の放射線量を測定し、WEBサイトに掲載していました）。

結果は、窓を全開にしても、教室内の放射線量はまったく変化ありませんでした。学校は、この結果を根拠に、そのときの風速を超えない日であれば、窓を開けることにするという判断をしました。

この根拠を示したうえでの学校の判断に、保護者の方々が「安心しました」という声を寄せてくださいました。

このことからも、事実を基に思考、判断、表現することが重要であることを思いました。小学校理科で大切にしている学び方は、あの混沌とした状況においても、とっても重要な役割を果たしているのです。

(3) 「学びに向かう力、人間性等」と東日本大震災

私たちは、日常のなかで、清々しい風に心地よさを感じたり、日なたの温かさに心を和ませたりします。また、夏の高温を不快に感じる一方で、長雨が続くと夏の日差しが恋しくなったりします。

私たちは、日常の気象現象とかかわりながら生活しています。夏になれば、「暑いなぁ」

と感じ、冬になれば、「寒いなぁ」と感じます。しかし、そう感じながら生活できるのは、太陽が存在し、そして、地球が太陽との距離などにおいて、絶妙なバランスを保っているからです。そして、太陽の存在によってできあがった自然から、私たち人間はたくさんの恩恵を受けているのです。

その一方で、私たちの身近な気象現象も、発生の仕方や発生位置によって、ときに人間に猛威をふるい、甚大な被害をもたらすことがあります。いわゆる自然災害です。

２０１１年3月11日に発生したマグニチュード9・0の大地震で、私たちは大きな被害を受けました。自然の大きな力を目の当たりにした私たちは、自然とどのように向き合っていくべきかを考えさせられました。

また、科学の発展により、さまざまなエネルギーを電気エネルギーに変換し、生活を豊かにしてきた私たちは、電気なしでは生活することができないまでになりました。それだけに、東日本大震災により発生した東京電力福島第一原子力発電所の事故は、私たちの生活のあり方を問い直すきっかけとなりました。

私は、東日本大震災を経験したことで、これまでとは違った目線で「自然」や「科学」について考えるようになったのですが、このことは、小学校の理科教育においても、たいへん重要なことであると考えました。子どもたちの発達の段階を踏まえつつ、どのような「自然観」が涵養されていくべきなのかを、もっと考えるべきだと思うようになったからです。

とはいえ、〝あなたは教師時代、日々の授業のなかでそのようなことを考えて授業をしていたのですか？〟と問われれば、（残念ながら）その答えは「いいえ」と答えるほかありません。ただ、東日本大震災が、自分の日々の理科の授業のあり方を見直すきっかけになったことだけは間違いありません。それが、今回の学習指導要領改訂において、育成を目指す資質・能力の柱の一つに「学びに向かう力、人間性等」が盛り込まれたことは、とても大きな意味があると考えています。

2. 「問題解決の力」

第1章の冒頭で、次の文章を紹介しました。「小学校学習指導要領理科編（試案）改訂版」（昭和27年）からの引用です。

たとえば、４才のこどもの持っている知識と、７才のこどもの持っている知識とは違ったものであるにちがいない。試みに４才のこどもに「おたまじゃくしは何になるの。」と尋ねたら、けげんそうな顔をした。7才のこどもは「おたまじゃくしはかえるになるよ。」といった。

4才のこどもは、おたまじゃくしの発生についての知識を持っていないが、7才のこどもはより進んだ知識を持っている。

この文章は、まさに、「知の更新」について述べていると思います。

この4才の子どもにとって、いま、目の前にいる生き物は「おたまじゃくし」という生き物です。この「おたまじゃくし」は、あくまでも「おたまじゃくし」なのですから、「おたまじゃくしは何になるの」と問われても、返答に困るのは当然です。この時点でのその子どもの知識は、「目の前にいる、この生き物はおたまじゃくしというんだ」ということです。

しかし、その後のさまざまな経験を通して、かえるについての知識を獲得していきます。

- おたまじゃくしは、かえるになること。
- かえるの種類によって、おたまじゃくしの大きさが違うこと。
- おたまじゃくしのときはえら呼吸なのに、かえるになると肺呼吸になること。

この過程を通して、その子どものなかで何が起きているのでしょう。それは、単に知識の量が増えたということだけではないと思います。さまざまな知識をつなぎ合わせることで、かえるについての概念をつくり上げたということであり、その子どものなかで「知の更新」が起きているのです。それは、引用部分の「進んだ知識」という表現によく表れていると思います。さらに言えば、これが、新学習指導要領が求める「深い理解」だと言い換えることができるでしょう。

ところで、新学習指導要領に盛り込まれた3つの資質・能力（「知識及び技能」「思考力、判断力、表現力等」「学びに向かう力、人間性等」）については、どの資質・能力がより重要で…といった軽重はありません。ただ、授業をデザインするうえでは、教科等によって順位性に違いはあると思います。

理科であれば、まず「知識」です。

理科は、「知識及び技能」のうちの「知識」が明確であり、自然の事物・現象から問題を見いだし、その問題を解決することによって、その段階での知識を得ることになります。ですから、先生方が授業を行う際、まずは、本時の授業でどのような知識を獲得するのかを考えると思います。授業で言えば、解決したい問題に対する結論の部分です。

またこの知識は、これまでの学習の内容や生活経験と結びついて、深く理解することが求められています。

そのため、授業を構想する際に、まず結論に当たる知識を意識したうえで、問題解決の活動を通して問題解決の力を育成しようと考えたり、「学びに向かう力、人間性等」を涵養しようと考えたりすると思います。このような繰り返しのなかで、「思考力、判断力、表現力等」が育成されたり、「学びに向かう力、人間性等」が涵養されたりするとともに、自然の事物・現象への理解が深まっていきます。こうした教科特性からも、小学校理科においては「知の更新」が重要であることがわかります。

この「知の更新」の主体は、子どもです。そのため、子ども自身が自らの知を更新できるような授業が必要となります。そのためには、以下の問題解決のプロセスが必要です。

- 問題解決の活動を通して、子ども自身が問題を見いだすこと。
- 見いだした問題に対して予想や仮説をもつこと。
- 観察、実験などを通して得た事実をもとに考察し、結論を導出すること。

こうしたプロセスが授業を通じて実現できたとき、子ども自らが知を更新できるようになるのです。

そのような意味で、小学校理科は、子ども自らが自然の事物・現象に働きかけ、その対象についての知識を得て、これまでの知識と関係づけることで、その対象についての概念をつくったり、再構成したりすることを大切にしている教科であると言えるでしょう。

たとえば、自分の身の回りにはいろいろな「ムシ」がいることを、子どもたちは知っています。就学以前から、さまざまな生活経験を通して見聞きし、日々学んでいるからです。このことは、理科の学習をスタートする以前から、「ムシ」に対する概念をもっているということです。

小学校3年生では、モンシロチョウなどを取り上げます。卵から飼育することで、幼虫、サナギ、成虫になることを知ります。体のつくりも学習します。こうした学習を通して、以前はただ「ムシだ」と思っていただけの生物のなかに、「昆虫」と呼ばれる生物がいることを知ります。これは、その子どものなかで「昆虫」という概念がつくられたということです。

そしてさらに、この段階でつくられた概念をもとに、今度は他のムシに働きかけます。すると、カブトムシも、モンシロチョウと同じように「卵→幼虫→サナギ→成虫」に変態することを知ります。トンボであれば「卵→幼虫→成虫」に変態することを知ります。このようにして、さまざまな生物に対して「昆虫」という概念を当てはめていくことによって、昆虫についての理解を深めていくのです。

新学習指導要領では、「思考力、判断力、表現力等」において、「問題解決の力」の育成が示されましたが、その力の1つに「差異点や共通点を基に、問題を見いだす力」が示されています。この力は、子どもが自ら知を更新していくにあたって非常に重要です。

夏休みに理科の自由研究などを行う際、〝何を調べるかを見つけることがむずかしい〟という話を聞くことがあります。このむずかしさは、この「差異点や共通点を基に、問題を見いだす力」と関係が深いと思われます。

そこで、次に私の経験談をふまえながら述べることにしましょう。

(1) 味噌汁の話

ある日の昼食に出された味噌汁に（少し大げさに言えば）私は衝撃を受けました。出張先の徳島県でのできごとです。私は、「えーっ」と声に出すほどに驚いたのですが、周囲の人たちはノー・リアクションです。いったい、何があったのか？

なんと、その味噌汁の具が「そうめん」だったのです。

私は生まれも育ちも福島県ですが、「そうめん」入りの味噌汁を飲んだことも見たこともありません。そんな私にとっては、「これって、味噌汁なんですか？」という問題が生じます。しかし、徳島の先生たちにとってみれば、味噌汁の具がそうめんなのは日常なんですね。だから驚かない。

このエピソードから、読者のみなさんはどう感じたでしょう。「そんな味噌汁がある の？」でしょうか？　それとも「味噌汁にそうめん、普通でしょ」でしょうか？

そうめんが入った味噌汁に驚くか驚かないかは、私たちの生活経験の違いです。すなわち、「味噌汁とはこういうものである」という概念の違いですね。

その人がもっている味噌汁の概念のなかに、そうめん入りの味噌汁が含まれているならば、驚くことはありません。しかし、そうした概念のなかに含まれていないときに、「それは味噌汁なのか？」という問題が生じるのですね。

このときの私は、「これを味噌汁と認識してよいのだろうか？」と思う一方で、「徳島の人たちにとってはこれが普通なんだもんな」と納得しました。この瞬間、「そうめんが入っている味噌汁もある」という知識を獲得し、私のなかの味噌汁の概念が再構成されたわけです。しかも、「そうめん入りの味噌汁もおいしい！」という感情タグつきで。

(2) 松ぼっくりの話

北海道で開催された研修会に参加したときのことです。その研修の一環として、フィールドワークに出かけたとき、松ぼっくりがたくさん落ちていました。その松ぼっくりを見て、私はとても興奮しました。で、周りの先生方はというと、そうでもありません。

先ほどの味噌汁の話と状況は同じです（もう私が言いたいことがバレていますね）。そうです。私が見つけた松ぼっくりは、とても細長く、特徴的な形状をしていたのです。だから、「こんな松ぼっくり、見たことない。すごい！」と興奮したわけです。

しかし、周りの先生方にとっては、身近で見慣れた松ぼっくりだったのでしょう。だから、私の興奮を伝えても、「えっ、何が？　普通でしょ？」という反応でした。

私の知っている松ぼっくりといえば「アカマツ」の松ぼっくりです。しかし、私が北海道で見つけたのは、「エゾマツ」の松ぼっくりだったのです。だから、形が違ったわけですが、松ぼっくりという点では同じです。「こんな松ぼっくりもあるんだ」ということを知り、私のなかで松ぼっくりの概念が再構成されました。

このように、ある人にとっては驚くべき松ぼっくりでも、他の人にとっては驚くに値しない、こうしたことが起きるのも、各自の生活経験をもとにつくられた概念の違いから生まれるものです。

さて、この2つのエピソードから、何が見えてくるでしょう。何かしら共通点が見えてきませんか？

それは、ある対象に対して「えーっ」と驚いたり、「なんで？」と思ったりするのは、その人の背景が関係しているということです。この場合の背景とは、ある人が自分の経験をもとにつくり上げた、対象に対する概念です。

そうした概念からはみ出した事象に出合うと、人は、「自分の概念のなかに含めていいのか」とゆらぎを覚えます。そして、「自分の概念のなかに含める」のか、それとも「別のものだ」と判断するのかといった過程を通じて、その対象に対する概念が再構成されていくわけです。

実は、授業も同じです。私たち教師は、いかに子どもたちを〝はっ〟とさせられる教材を提示し、ゆらぎを生じさせるかに腐心するからです。これはまさに、そうめん入りの味噌汁や細長い松ぼっくりに出合わせる手立てにほかならず、そうした出合いによって「差異点や共通点を基に、問題を見いだす力」をはぐくむのです。

このことは、問題解決が大切だからと言って、ただ問題を疑問形の文章にすれば子ども自身が解決したい問題になるわけではないということでもあります。〝子どもたちがすでにもっている概念がゆらぐ自然事象との出合いをいかにつくるか〟これこそ、教師の腕の見せどころだといえるでしょう。

(3) モーニングコーヒーの話

しつこくて、すみません。もう少し続けたいです。

ある地区の学校を訪問したときのことです。午前中からの訪問だったのですが、少し早めに出発したため、早く着きすぎました。そこで、一緒に訪問する校長先生方と近くの喫茶店に寄ってコーヒーを飲むことにしました。

チェーン店ではなく、個人が経営している小さな喫茶店です。校長先生は、店員さんに「コーヒーを3つ」と注文しました。しばらくして、コーヒーが運ばれてくると、テーブルには、コーヒー以外に、3人分のサンドイッチ、サラダ、卵料理が並べられました。ここでまたしても、私は驚かされることになったわけです。

地元の先生方2人からは、特別なリアクションはありません。当たり前の様子です。これもまた、生活経験から構成される概念の違いです。これまでの2つのエピソードと同じパターン。

私はこれまでコーヒーだけを注文して、コーヒー以外のものも運ばれてきた経験はありません。しかし、この地域では、コーヒーを頼むとサンドイッチやサラダ、卵料理も一緒に出てくる、これが生活文化になっているようなのです。しかも、テーブルに並べられた卵料理が茶碗蒸しだったのです。これには二度目のびっくり。普通は、目玉焼きなり、スクランブルエッグでしょうに…。

それがまだまだ、続きます。

茶碗蒸しと言えば、具は何を思い浮かべますか？ 私なら「銀杏」「かまぼこ」「鶏肉」といったところでしょうか？（ですよね？ ちょっと自信ない…）

さて、このお店の茶碗蒸しはというと、「うどん」です。これが三度目のびっくりです。（言うまでもなく）モーニングコーヒーに対する私の概念は見事に再構成されました。というか、いったんガラガラと崩壊し、新たに形づくられたと言ったほうがよいかもしれませんね。

(4) パンダの話

これで、最後にします…。

みなさんの自宅のリビングに、とても大きなパンダのぬいぐるみがあるとします。帰宅すれば、パンダが疲れを癒やしてくれる、そういうことにしておきましょう。

ある日、帰宅するとパンダがいません。「あれっ、パンダは？」「どこに行ったの？」慌てたあなたは、混乱することでしょう。

さて、そのとき、私もそのお部屋にはじめてお邪魔していたとします。しかし、客である私は「あれっ、パンダがいませんね」とも「なんで?」とも思いません。当然ですよね。はじめて訪れたわけですから、パンダのぬいぐるみがあることなんて知るはずがありません。これも、これまでのエピソードと同様の話なのです。

ちなみに、疲れを癒やしてくれるこのパンダは、私の想像の産物であって、実話ではありません。本当ですよ?

*

理科は自然の事物・現象についての認識を深めていく教科です。深めるためには、問題解決が必要です。そして、解決すべき問題を見いだすためには、認識のずれを必要とします。そのために、新しく学習する対象を目にして、子どもが自分のもっている概念を当てはめようとしたとき、あえて子どもの概念をはみ出してしまう、「あれっ」「なんで?」と思うような手立てを講じるわけです。この認識のずれがあってはじめて、子どもにとって意味のある解決すべき問題が生まれ、問題解決のスタートを切ることができるようになります。

その問題を解決できれば、対象に対する概念が再構成され、子どもは深い理解を獲得できるようになります。

理科の授業で「問題を見いだす力」を育成しようとするなら、この「あれっ」という認識のずれを生み出すことが大切になりますね。

3.「資質・能力」と授業づくり

（繰り返しになりますが）新学習指導要領では、育成を目指す資質・能力が3つの柱で整理されましたから、授業づくりにおいても、〝どうやったら、子ども一人一人に「資質・能力」を育成できるか〟を考えながら進めていくことになります。

そのために重要な視点が、「指導観」です。もし、「知識を習得させること」に重きがおかれすぎているならば、その「指導観」は、再考を求められることになります。

授業を例にすると、次のとおりです。

第5学年では、「振り子の規則性」について学習します。学習が進むと、「振り子が1往復する時間は、どのような条件によって変わるのか」という問題が生まれ、「振り子の長さ」「おもりの重さ」「振れ幅」といった条件が考え出されます。その後は、条件を制御し、1つずつ検証していく活動が展開されることでしょう。

さて、「振り子が1往復する時間は、おもりの重さによって変わるのか」という条件に着目して、問題を解決していく場面を想起してみてください。
まず、「振り子の長さ」と「振れ幅」の条件を変えずに（条件を制御して）、「おもりの重さ」の条件を変えます。そして、たとえば、10グラムのおもりを1個、2個、3個と増やしていったときの「振り子が1往復する時間」を計測していくことになります。

このとき、次のように説明する先生がいます。丁寧さを重視してのことです。

「おもりを増やすときに最初のおもりの下につけてしまうと、振り子の長さも変わっちゃうよね。そうならないように、最初につけたおもりの横につけるんだよ。わかったかな」

こう言ってしまう教師の気持ちは、痛いほどわかります。

〝おもりの重さを増やしても1往復する時間は変わらない〟ことを確かめ合う実験です。それなのに、おもりを縦につなげてしまえば振り子の長さが変わってしまうので、〝おもりを増やすと振り子が1往復する時間も変わる〟ということになってしまうでしょう。これでは、正しい知識を習得する考察にはなりません。そのため、（実験が失敗しないように）つい説明しすぎてしまうのです。

他方、教師が一方的に説明するのではなく、次のように子どもに投げかけたらどうでしょう。

「では、どのような方法で実験すればいいかな？」

（実際の授業では、考えられた方法で、うまくいく場合もそうでない場合もあるでしょうけど）子どもも自らが考えた方法をお互いに出し合い、グループや学級全体で対話するなかで、「おもりを縦につなげていったら、振り子の長さも変わってしまう…」（つまり、条件を制御できない）という考えにたどりつく、そんな授業を展開できたなら…私は、（「問題解決の力」の1つである）「予想や仮説を基に、解決の方法を発想する力」を育成することができると思うのです。

＊

理科は、自然の事物・現象から問題を見いだし、その問題を解決することで、結論を導出します。その結論は、その段階での知識となり、その後、更新されていきます。

このような過程を通して習得できる知識であるからこそ、生きて働く資質・能力となるのです。そのためには、教師が子どもの学ぶ過程を重視し、「問題解決の力」を育成したり、「学びに向かう力、人間性等」を涵養したりすることが重要です。そのような「指導観」をもてるように、自らを変えていくことが求められているのだと私は思います。

みなさんは、どのような指導観をおもちですか？

第6章

「私のなかの理科を形づくっているもの」から見える理科授業

立場上、理科の研究に触れる機会がたくさんあります。授業を参観させていただく機会もたくさんあります。日本各地に飛び回っています。本当に幸せなことです。

そんな私が全国のさまざまな理科の授業を見たとき、「私のなかの理科を形づくっているもの」を通して、いったいどのような光景が見えてくるのか、それを紹介するのが本章の目的です。

授業を参観したときに描いた私のノートを手がかりに、一つ一つ紐解いていきましょう。

括弧付きの数字は、本文中の見出しと対応します。

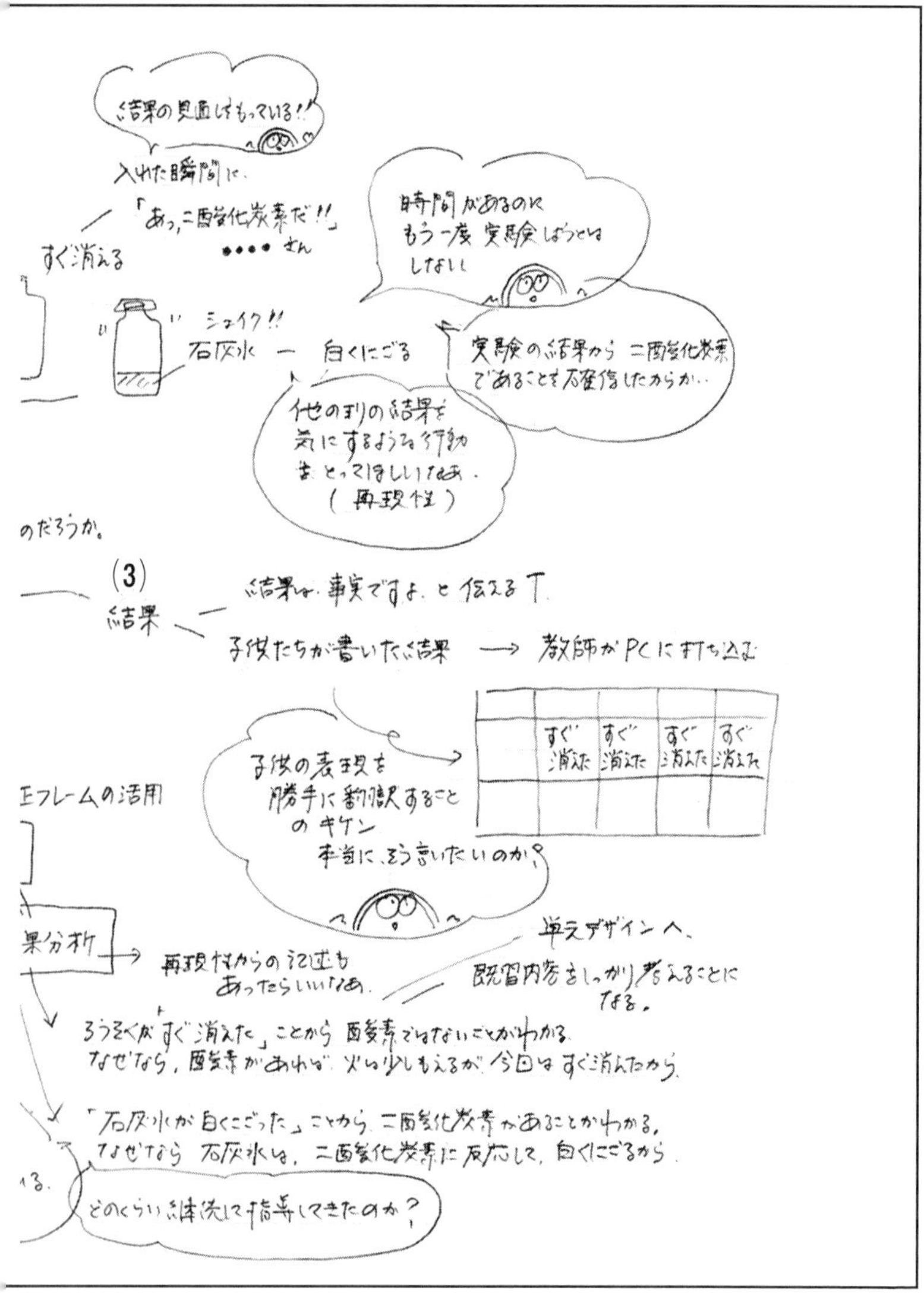

私のノート①

第６学年「水溶液の性質」の授業（京都の実践）

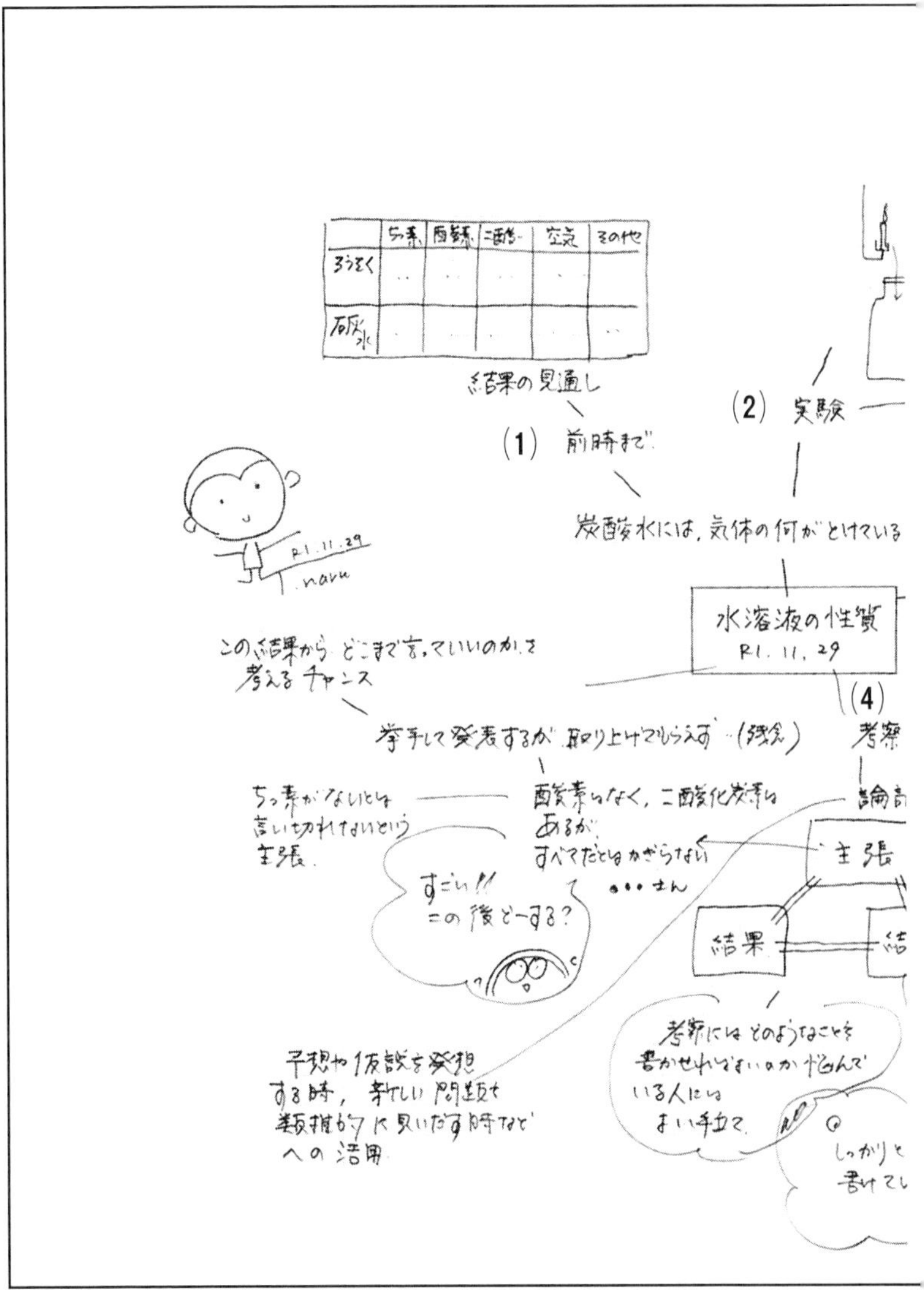

(1) 前時まで

前時では、「炭酸水には、どんな気体が溶けているのだろうか」という問題を見いだし、予想し、結果の見通しまで行われていました。子どもたちからは、炭酸水に溶けている気体には「窒素」「酸素」「二酸化炭素」「空気」「その他」が挙げられたことが、結果の見通しからうかがうことができました。この段階で私が感じたことは、〝この授業者は子どもの考えを大切にしている〟ということでした。

というのは、結果の見通しの一覧表に「二酸化炭素」だけでなく、その他の考えも取り上げてあったからです。通常、炭酸水に溶けているものを予想させると、「二酸化炭素」が多く挙げられることから、教師はつい「二酸化炭素」だけに目を向けた表にしてしまいがちです。しかし、この先生はそうではありませんでした。

このように、結果の見通しをしっかりもって全体で共有することができていれば、子どもたちは、「自分の予想が正しければ、この実験をすればこうなるはずだ」という意識をもって、主体的に実験に取り組むことができるようになります。

(2) 実験

まず、子どもたちは、炭酸水を振って、気体を水上置換で集気瓶に集めました。その後、ろうそくに火をつけて、その集気瓶のなかに入れていました。

Kさんは、集気瓶にろうそくを入れた瞬間に、ろうそくの炎が消えた様子を目の当たりにして、「あっ、二酸化炭素だ！」とつぶやきました。これは、結果の見通しをしっかりもっていたために生まれたつぶやきです。結果がわかった瞬間に、自分の考えが正しかったのではないかと考えることができたわけです。

問題解決の過程は、「観察、実験を行い、その後で結果を整理し、その結果をもとにして考察する」と説明されることが多いのですが、実際の子どもたちは、実験結果が出た瞬間から考察をはじめると思います。

なぜ「実験結果の整理」をすっ飛ばして考察をはじめるのか。それは、自分の見いだした問題を解決したいという気持ちをもち、自分なりの予想をもって実験に臨んでいるからです。また、この授業では、炭酸水から気体を集め、石灰水にふれさせる実験も行っていました。石灰水は白く濁っていました。

Kさんの班は、この2つの実験結果から、炭酸水に溶けている気体の正体は二酸化炭素だと確信しているようでした。というのは、授業者がKさんの班にやってきて、「まだ時間があるから、何回も実験していいんだよ」とアドバイス（言葉かけ）しても、彼らはそうしようとはしなかったからです。

この授業者の言葉かけは非常に重要です。「何度やっても同じ結果になる」(再現性)ことを子どもたち自身の実験によって確認させせようとしていたからです。

私自身も〝子どもたちが、そんな行動をとってくれるといいなぁ〟と思って見ていました。再実験まではしなくとも、〝他の班の結果を気にするような行動は見られないかな〟と。

他の班の結果が気になるというのは、再現性の側面から再検討してみたいという意欲の表れです。自分の班で出た結果が他の班でも見られたら、実験結果の信頼性が増すでしょう。自分の班が出した結果には自信があるけれども、条件を変えて再実験する必要はないか？　自分たちの結果だけで考察してもよいのか？　他の班の結果とも同じならば、その結果への信頼性が高まるのではないか？　このように一度立ち止まって、批判的に事物・現象をとらえる思考が、理科においては本当に大切なことなのです。

(3)　結果の整理

結果の整理は、班ごとに行われました。授業者は、班ごとに整理された結果を一覧表にまとめ、プロジェクターで投影しました。この一覧表を見たとき、〝子どもたちが使った言葉をそのまま掲示すればいいのに…〟と私は感じました。どの班の欄にも、ろうそくを入れた実験結果は「すぐ消えた」、石灰水を使った実験結果は「白く濁った」などと、授業者が言い換えた言葉でまとめられていたからです。

（これは、どの教科等においても言えることだと思いますが）子どもが授業を通じて使っている言葉の意味を、授業者が正確に解釈できているとは限りません。教師の言い換えによってニュアンスが変わってしまい、子どもの発言の意図がミスリードされてしまうことは、授業ではよくあることです。

　ですから、ろうそくを入れた実験結果でも、単に「消えた」と書いた子どももいるだろうし、「すぐに消えた」とか「ろうそくを入れたら消えていった」などと書いていた子どもがいれば、そのままの言葉を一覧にし、同じことを言いたいのか、それとも違うのかを、教師と子ども、あるいは子ども同士で確かめ合う活動が必要だと思うのです。（回りくどく見えるかもしれませんが）子どもが自分なりの納得を伴った、確かな理解にたどりつくために、です。

　着目すべきは、どのように考えて言葉を選んだのかという子どもたちの意図です。それを丁寧に理解しようとする教師の姿勢が大切だと私は思います。

⑷　考察

「考察って、どのように書かせればよいのですか？」と質問されることよくがあります。

それに対して、私はいつも次のように答えるようにしています。

「考察は、観察、実験などの結果（事実）とその解釈に分けて書くことを基本にすればよい」と。

では、この授業はどうだったでしょう。「論証フレーム」を活用する指導をしっかり行い、「結果」「結果の分析」「主張」を明確にして考察するような手立てが講じられていました。

この「論証フレーム」は、（この授業では考察の場面での活用でしたが）予想や仮説を発想する場面や、結論が導出された段階で新たな問題を見いだす場面など、他の場面でも活用できるともっとおもしろいと思います。

さて、（先にも登場した）Kさんの考察です。ノートの「結果の分析」の欄には、次のように書いてありました。

●ろうそくがすぐに消えたことから、酸素ではないことがわかる。なぜなら、酸素があれば、火は少し燃えるが、今回はすぐ消えたから。

●石灰水が白く濁ったことから、二酸化炭素があることがわかる。なぜなら、石灰水は、二酸化炭素に反応して、白く濁るから。

Kさんだけでなく、多くの子どもたちが、しっかりと結果の分析を行っていたことに、私は驚かされました。後で授業者にうかがったところ、「論証フレーム」を用いた指導は、3か月前から行ってきたというのです。

たった3か月の指導で、「結果」「結果の分析」「主張」を明確に書き分けられるようになるというのは、（子どもたち自身の力もさることながら）授業者の指導の賜《たまもの》だと思います。

〝どのようなことを「結果の分析」に書いてほしいか〟を考えることは、〝単元展開においてどのような学習をしておく必要があるのか〟を考えることにつながります。この授業の場面ならば、「二酸化炭素は石灰水に触れると白濁すること」「ろうそくの炎は酸素のなかでは激しく燃えること」「ろうそくの炎は窒素や二酸化炭素のなかでは燃えないこと」などです。

もし「酸素があっても、その割合が少ない場合は、ろうそくの炎は燃え続けることはできない」という知識が十分に獲得されていれば、先の分析は、また違ったものになったかもしれませんが…。

（先述のように）「結果の分析」の記述は、確かにすばらしかったのですが、実を言うと、私は別の側面からの記述を期待していました。それは、「再現性」の側面であり、「どの班が実験しても、ろうそくがすぐ消えたから…」といった記述です。どのような単元であっても、常に「実証性」「再現性」「客観性」などの側面を大切にしてほしいと思います。

最後に、Kさんの「主張」を紹介します。


　二酸化炭素はあるが、すべてだとはかぎらない。


　実にすごい内容だと思いました。

　他の子どもたちは、実験結果を踏まえ、二酸化炭素が溶けているといった内容です。これ自体が悪いわけではありません。ただ、それに対してKさんは「炭酸水には、二酸化炭素が溶けてることはわかるが、他の気体が溶けていないとは言い切れない」と考えたようなのです。

　日々の授業において、教師が意図していない子どもの発言に出合ったとき、みなさんはどのように受け止めているでしょうか。私なら大いに称賛したい。その瞬間こそ、子どもが教師を超えていった瞬間だからです。今回のKさんの記述も、より妥当な考えをつくりだす力を育成するうえで、とても重要だと考えます。

「〇〇という条件であれば、□□とまでは言えるだろう（しかし、□□以上のことを言うためには、条件を変えてみなくてはわからない）」

理科においては、このように考えることが重要だと思います。そのような意味でも、Kさんの記述はすばらしいと思います。

このような子どもの考えをもとに、みんなで考え、より妥当な考えをつくりだせるような授業を目指したいと思いました。

＊

小学校理科では、問題解決の活動を重視してきたはずなのに、形骸化していると批判を受けることがあります。問題解決は子どもが行うものであるのに、授業者である教師が問題解決のプロセスをなぞっているだけ、だから、子ども主体の問題解決になっていない、という批判です。しかし、これからの授業では、この課題を乗り越えられると信じています。なぜなら、問題解決の活動を通して、「問題解決の力」が育成される授業になるはずだからです。

子どもが解決したいと思える問題を見いだし、予想や仮説をもとに、観察、実験などを行い、その結果をもとにして考察し、より妥当な考えをつくりだす。その過程で、子ども一人一人に「問題解決の力」が育成される。そして、このような力こそが、自らの可能性を発揮し、よりよい社会と幸福な人生の創り手となるために必要な力の一つだと思うのです。

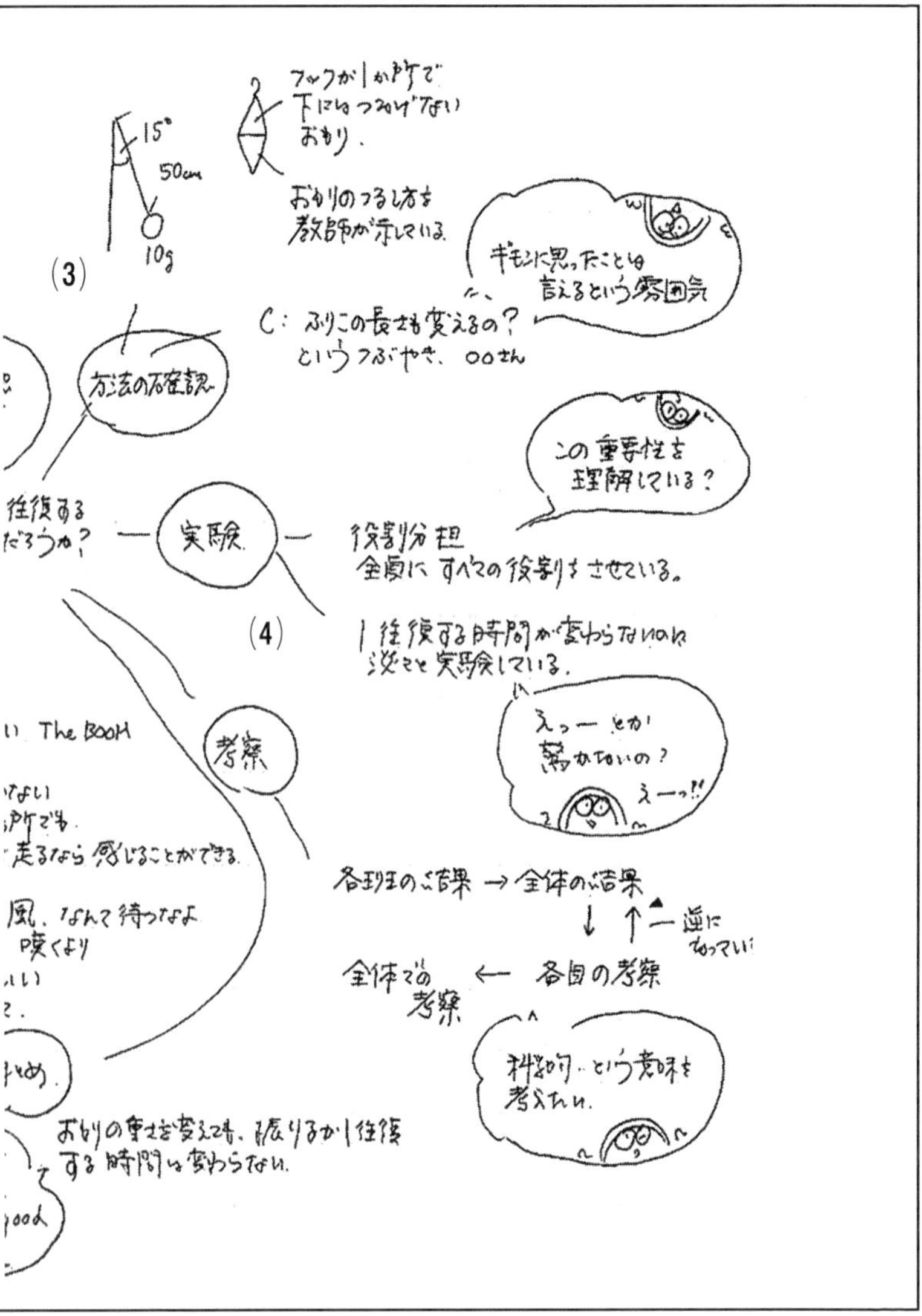
フックが1か所で
下にはつなげない
おもり。
15°
50cm
10g
おもりのつるし方を
教師が示している。
ギモンに思ったことは
言えるという雰囲気
(3)
方法の確認
C：ふりこの長さも変えるの？
というつぶやき、○○さん
この重要性を
理解している？
往復する
だろうか？
実験
役割分担
全員にすべての役割をさせている。
(4)
1往復する時間が変わらないのは
淡々と実験している。
えっー とか
驚かないの？
えーっ!!
The BOOM
考察
各班の結果 → 全体の結果
逆に
全体での考察 ← 各自の考察
科学的…という意味を
考えたい。
おもりの重さを変えても、振りこが1往復する時間は変わらない。

私のノート②

第５学年「ふりこの規則性」の授業（三重の実践）

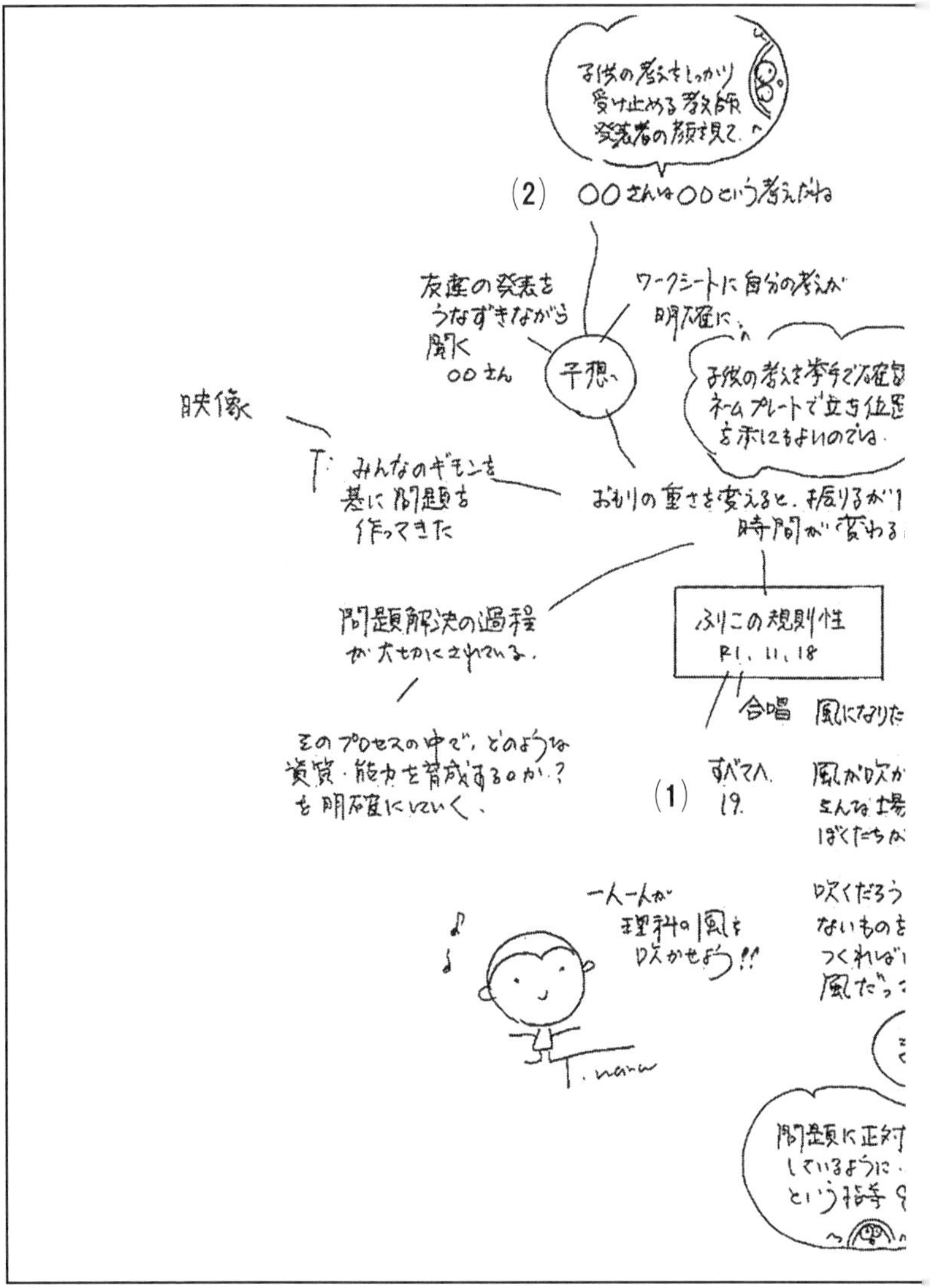
子供の考えをしっかり受け止める教師
発表者の顔を見て。
(2) ○○さんは○○という考えだね
友達の発表をうなずきながら聞く
○○さん
ワークシートに自分の考えが明確に。
予想
映像
T: みんなのギモンを基に問題を作ってきた
時間が変わる
問題解決の過程が大切にされている。
ふりこの規則性
R1．11．18
合唱
このプロセスの中で、どのような資質・能力を育成するのか？を明確にしていく。
(1)
すべてへ。
19.
一人一人が理科の風を吹かせよう!!
T.nara

(1) 授業の前の子どもの姿

三重県の小学校に訪問したときのことです。体育館で、子どもたちが歌を発表してくれました。私たち研修会に参加する先生方のためにです。曲は、THE BOOMの『風になりたい』でした。

体を揺らしながらリズムに乗って、笑顔で歌う子どもたちの姿に、私はすっかり心を打たれました。〝これなんだよなぁ…〟としみじみ。教育で大切にしなければならないことは何なのか、改めて立ち返ることができたように思います。

特に印象的だったのは、体の揺らし方やリズムのとり方が、全員同じではなかったことです。子ども一人一人が、自分なりの方法を考え表現し、それらが1つに組み合わさって、『風になりたい』を創りあげていたのです。多様性を尊重し合いながら、みんなで力を合わせて歩んでいこうという雰囲気が、体育館全体を包んでいるように感じられました。

(2) 前時の振り返りの場面

さて、授業がはじまりました。「振り子の規則性」の授業です。授業者は、映像をもとにしながら、単元の導入で行ったブランコに乗る活動の振り返りを行いました。そして、

「おもりの重さを変えると、振り子が1往復する時間が変わるのだろうか」（本時に解決したい問題）について、前時に立てた予想を確認していきました。

子どもたちのワークシートには、自分なりの考えがしっかりと書いてあります。それらがどのような考えであるのかを確認するために、授業者は数人を指名して、子どもたちの発言を板書していきます。

授業者は子どもが発言するたびに、発表者の顔を見て「○○さんは、△△という考えなんだよね」と声をかけます。子ども一人一人の考えを受け止めていたわけです。授業者にしてみれば、何気なくそうしていただけかもしれません。しかし、声をかけてもらった子どもにとっては、大きな安心感につながっているのではないかと私には思われました。

そのような授業者と子どもとのやりとりのなかで、私はふとHさんの姿が目にとまりました。彼女は、友達の発表をうなずきながら聞いていた子どもです。〝すばらしいなぁ〟と思った私は、事後研究会のときにHさんの姿を称賛しました。すると、その学校の先生が発言しました。「うちの学校では当たり前の姿です」と。

『風になりたい』を歌う子どもの姿、子どもの考えをしっかり受け止める授業者、友達の発表をうなずきながら聞くHさん、それを「当たり前」と言える先生。すべてがつながっているように感じられました。

それは、先生方が子ども一人一人を大切にしているということです。子どもを特定のものさしで測ることなく一人一人に正対し、資質・能力を育成しようとしている先生方の姿だと私には思えました。

(3) 実験方法の確認の場面

ここでは、前時に考えた実験方法の確認が行われました。振れ幅15度、おもりの重さ10g、振り子の長さ50cmという基本形があり、それに対して、変えたい条件と変えない条件を考えて実験方法を設定したようです。

実験方法を考える際は、「条件制御」という考え方を働かせることが大切なので、基本形と比較しながら考えることは、「条件制御」を意識しやすいと思います。

このとき、Gさんが「振り子の長さも変えるの？」とつぶやきました。本時の問題は「おもりの重さを変えると…」ですから、振り子の長さの条件は変えてはいけません。

しかし、授業者はKさんのつぶやきをしっかりと受け止めます。「変えてはだめですよ」とは言わずに、「みんなはどう思う？」と投げかけました。振り子の長さは変えてはいけない条件であることを、子どもに考えさせたわけです。

「こんなことを質問したら、みんなに笑われるかな？」

「それとも、先生に叱られるかな？」

子どもたちがこんな不安を抱えながら授業を受けているのであれば、Gさんのつぶやきは生まれなかったでしょう。この教室の子どもたちは、〝普段から疑問に思ったことは何でも言ってよい〟〝みんなで考えればよい〟という雰囲気のなかで学んでいるんだと感じる一瞬でした。

話を実験方法に戻します。

本時の問題を解決するためには、おもりの重さを変えていくことになります。おもりを縦に吊るしていくと、振り子の長さが変わってしまうので、おもりは一か所にまとめて吊るさなければなりません。そこで私は、〝おもりをどのように吊るしていくのかな〟と思いながら授業の展開を見つめていました。

この授業では、どうやらおもりは一か所に吊るすように図で示されていたようです。それに、子どもたちが使用したおもりは、片方にしかフックがなく、そもそも縦には吊るせないタイプのおもりでした。

〝本時において子どもたちにどのような資質・能力を育成するのか〟という教師の意図にもよりますが、（第5章でも説明したとおり）実際の授業場面では、おもりの吊るし方にズレが生じることがあります。そのズレをあえて取り上げるならば、解決方法の妥当性を検討することが必要になります。この授業においても、解決方法の妥当性を検討する場面を意図的に設定してもよいのではないかと思いました。

もし、この場面を設定するならば、振り子が1往復する時間を変える要因として考えられる「振れ幅」「おもりの重さ」「振り子の長さ」のうち、「振り子の長さ」をどこで扱うのかが重要になります。

このとき、「振り子の長さによって、振り子が1往復する時間は変わる」ことを学習した後であれば、その既習の内容をもとにして考え、〝おもりを縦に吊るす方法だと振り子の長さの条件まで変わってしまう〟と子どもが気づける学びを期待できるようになります。

いずれにしても、どのような資質・能力を育成するのかを考える際には、単元の展開を、ど、う、デ、ザ、イ、ン、す、る、か、が重要になってくるということですね。

(4) 実験の場面

「振り子の規則性」を確かめる実験を行うには、さまざまな役割が必要です。この授業では、ストップウォッチで時間を計測する人、おもりを決められた振れ幅に合わせる人、記録をつける人、正面から振れ幅を確認する人がいました。

子どもたちの様子を見ていると、そのそれぞれの役割をお互いに交代しながら実験していました。これは、〝どの子どもにも、すべての役割を担わせたい〟という授業者の明確な意図があったのかもしれません。

私は、お互いに役割を交代しながら実験することの意味は、とても大きいと思っています。なぜなら、「科学的」な側面から検討できる余地をつくれるからです。

ストップウォッチの操作の仕方には個人差があります。しかし、同じ操作にそろえれば、〝誰が操作しても、1往復する時間は変化しない〟ことを確かめることができます。自分の班の誰が計測しても同じ時間になる、他の班の誰かが計測しても同じ時間になるという「再現性」が明らかになるから、自分たちが得た結果に「信頼性」が生まれるのです。

もし、このように実験結果への信頼性が生まれなかったら、どうでしょうか。いくら考察しても、妥当な考えをつくりだすことはできなくなるでしょう。このように、（繰り返しになりますが）「実証性」「再現性」「客観性」などの側面から検討する大切さを、授業者も子どもたちも共に意識することが、とても大切なのだと思います。

私が参観した子どもたちは、実験の前に自分なりの予想をしていました。ですから、実験するに当たっては、「1往復する時間は変わるはず」「いや、変わらないはず」などと、結果の見通しをもって臨んでいたはずです。

私としては、「おもりを重くしても、1往復する時間って変わらないんだ！」という感嘆の声、「えーっ、なんで？」という疑問の声があがることを期待していたのですが、そうした声はあがりませんでした。子どもたちは、実に淡々と実験していたのです。それが、ちょっと意外でした。

理科で行う予想や結果の見通しは、「振り子の規則性」のみならず、実は大人だってよく間違えます。

「おもりを重くしたらスピードが増すんだから、1往復する時間は短くなるんじゃない？」そう思いませんか？

あるいは、「え〜、重くなるんだから、その分移動しにくくなって遅くなるんじゃない？」そう思いませんか？

しかし、実際はおもりの重さを変えても振り子が1往復する時間は変化しません。不思議ですよね。

この「不思議ですよね」といった感覚が、私は大切だと思うのです。自然界には不思議な規則性があって、それを活用することで、私たちの生活が便利になったり、豊かになったりしています。

仮に、みなさんの目の前にテーブルがあるとしましょう。まず、50㎝の長さを測り、0㎝のところにビー玉を置いて左手でビー玉を押して50㎝移動させ、右手で受け止めてみてください。次は、右手でそのビー玉を押し、0㎝のところまでビー玉を転がして左手で受け止めます。この動作をリズムよく繰り返し行います。

今度は、ビー玉を砲丸に変えてみましょう。ビー玉のときと同じリズムで転がすためには、とても大きな力が必要ですよね。でも、振り子の規則性のことを考えると、リズムは同じにしなければいけません。

振り子の規則性を体感すると、不思議さが増しますよね。

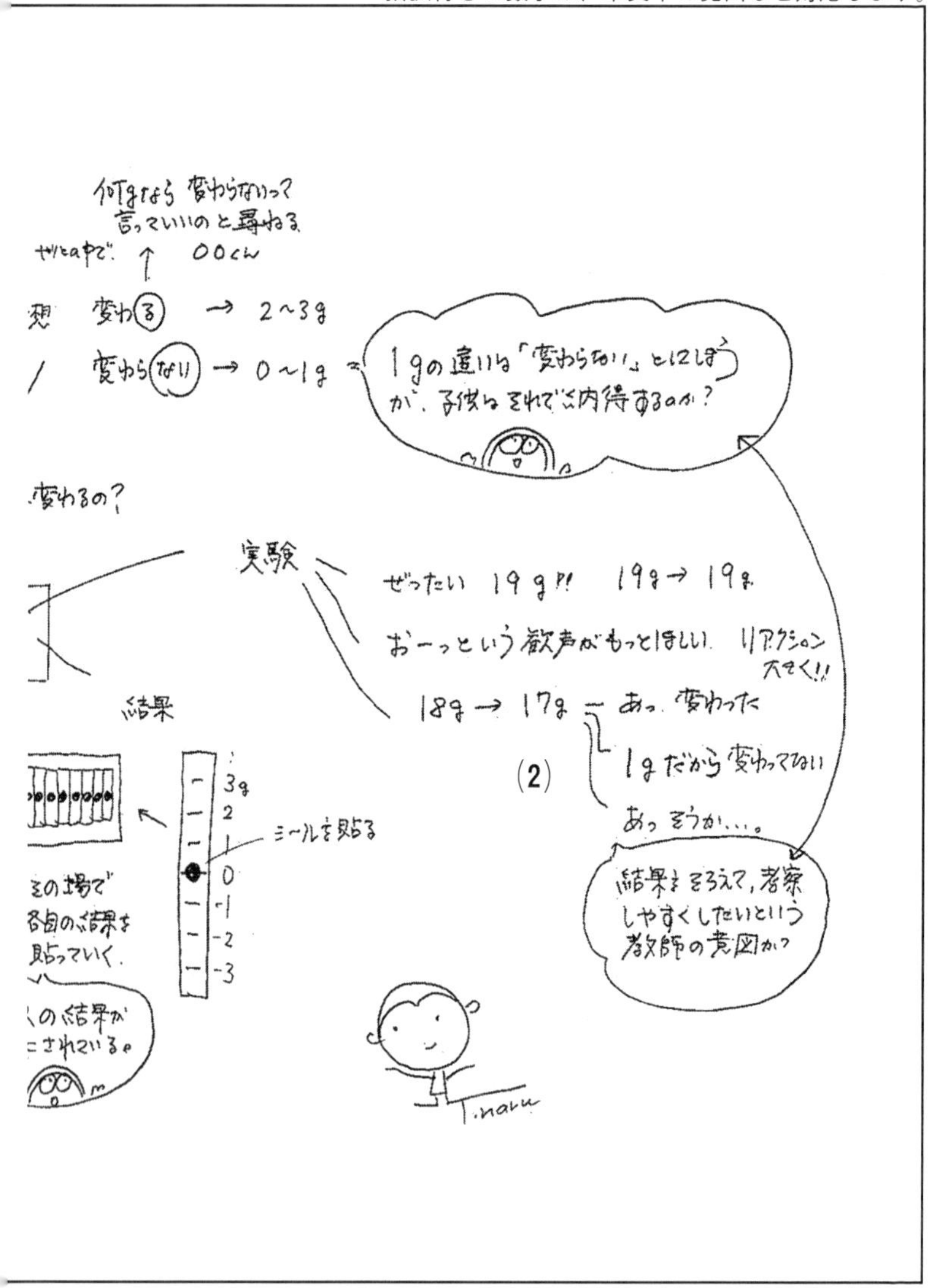
何gなら変わらないって言っていいのと尋ねる
〇〇くん
変わる → 2~3g
変わらない → 0~1g
1gの違いは「変わらない」とはしぼ
が、子供はそれで納得するのか？
変わるの？
実験
ぜったい 19g!! 19g→19g
おーっという歓声がもっとほしい リアクション大きく!!
18g → 17g — あっ変わった
1gだから変わってない
あっそうか……。
(2)
結果
3g
2
1
0
-1
-2
-3
シールを貼る
その場で
各自の結果を
貼っていく
結果をそろえて、考察しやすくしたいという教師の意図かな
T.maru

私のノート③

第3学年「ものと重さ」の授業（横浜の実践）

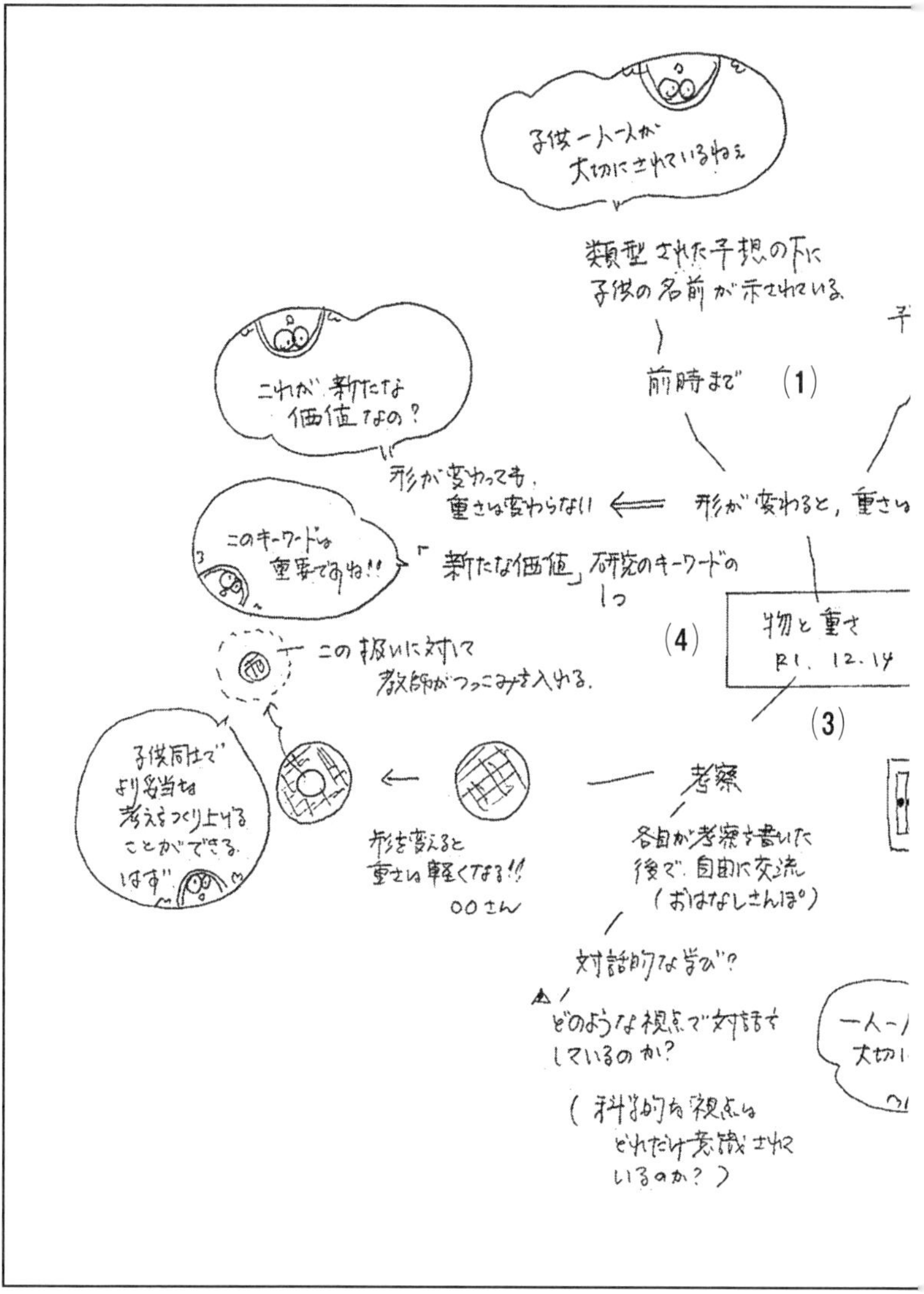
子供一人一人が大切にされているねぇ
類型された予想の下に子供の名前が示されている。
前時まで
(1)
これが新たな価値なの？
形が変わっても、重さは変わらない
形が変わると、重さは
このキーワードは重要ですね!!
「新たな価値」研究のキーワードの1つ
物と重さ R1. 12. 14
(4)
(3)
この扱いに対して教師がつっこみを入れる。
子供同士でより妥当な考えをつくり上げることができるはず
形を変えると重さは軽くなる!! ○○さん
考察
各自が考察を書いた後で、自由に交流（おはなしさんぽ）
対話的な学び？
どのような視点で対話をしているのか？
（科学的な視点はどれだけ意識されているのか？）

(1) 予想の場面

この授業では、「形が変わると、重さは変わるのか」という問題に対する予想を振り返るところからはじまりました。すでに各自が予想を立てていて、類型化された予想の下側に、子どもたち一人一人の名前が示されていました。このような状況を見るたびに、〝いいなぁ〟と私は感じます。子ども一人一人の「自分はこう思うよ」が、大切にされていると感じるからです。

次は、結果の見通しをもつ場面です。粘土の形を変えるわけですが、「粘土の形を変えると、重さが変わる」と考えているAグループの子どもは、最初の粘土の重さよりも重くなるのか、それとも軽くなるのかを考えます。一方、「粘土の形を変えても、重さは変わらない」と考えているBグループの子どもは、最初の粘土の重さと、形を変えたときの粘土の重さが同じになるのかを考えます。

授業者は、Aグループの子どもたちとは「変わるならば、2~3gくらいかな」と話し合いました。それに対して、Bグループの子どもたちとは「変わらないならば、0~1gかな」と話し合いました。このとき授業者は、電子てんびんの測定誤差を考慮に入れて、〝1g程度の違いなら、重さは変わらないと判断できる〟と考えることにしたのです。

でも、この設定のもとに実験を行ったとして、子どもはその結果に納得できるでしょうか？　たとえ1gであっても、重さには違いありません。1g違えば「増えた！（または、減った！）」と思うのではないでしょうか？　私は、子どもたちが電子てんびんの測定誤差をどのように受け止めるのかが気になっていました。

授業を行う立場からいうと、実験結果はそろっていたほうが考察もしやすいし、子どもが納得できる結論を導き出しやすいと考えるでしょう。だから、あらかじめ実験結果を揃えたくなるのです。

しかし、私はむしろ、揃わなかった結果に対して子どもたちがどのようにとらえるのか、どのように考察に向かっていくのか、その過程こそ大切だと思うのです。

(2) 実験の場面

さぁ、実験のスタートです。

（形を変える前の測定結果が19gだったことから）「絶対19gだ！」と言って、電子てんびんに粘土を載せる子どもがいました。自分の予想をしっかりともっているからこその姿です。

それに対して、私が気になっていたことが現実になったグループがありました。粘土の形を変える前は18gだったのに、形を変えて測ると17gになったのです。

この結果を見たRさんは「あっ、変わった」と口にしました。すると、同じ班の友達が言います。「さっき先生と、1gだったら変わらないって話をしたから、変わってないんじゃない？」と。そう言われて、Rさんは「あぁ、そっか…」とつぶやいたのです。

このとき、Rさんは納得していたでしょうか？

この実験は、繰り返して試すことができます。だったら、時間の許す限り何度でも、納得するまで試したらいいじゃないかと私は思います。

〝子どもは、自然の事物・現象をどのように理解していくのか〟ということに対して、教師はたくさんの興味をもったほうがいいと思います。「教師が授業をしています」ではなく、「子どもが学んでいます」と言えるようにするために。

(3) 結果をもとに、考察する場面

子ども一人一人に短冊のような用紙が配付されていました。この短冊には、中心から上下に等間隔で線が引いてあります。短冊の中心が0で、上に行くにつれて1、2、3…、下に行くにつれて-1、-2、-3という目盛りがつけてあります。

粘土の形を変える前と後で、重さが変わっていなければ0のところにシールを貼り、1g増えていたら1のところにシールを貼るといった案配です。

子どもたちは、自分たちで決めた4種類の形に粘土を変形させることになっていまし

た。子どもたちの結果を示した短冊は、種類ごとに黒板にどんどん集約されていきます。

ここでも、子ども一人一人が大切にされていると感じました。一人一人の実験結果が集約されるということは、一人一人の結果が全体での考察に欠かせないものだというメッセージになるからです。

このようにして集約された結果をもとにして、各自が考察を考え、自分のノートに記しました。その後、自由に友達のところに出かけて行って、その考察を交流しはじめました。考察が書けたら、先生の指示があるまで、黙って待っているのではなく、自由に交流してもよいことになっていたのです。

その姿を見ていて、「自分は、この結果から、このように考えたよ」と交流することで、他者とかかわり、もう一度自分の考えを見つめ直そうとする態度が涵養されていくと感じました。

理科において対話的な学びを充実できるのは、考察の場面だけではありません。予想を発想するときも、解決の方法を発想するときも対話的な学びを充実させてほしいと思います。その際、「科学的」という視点で交流できるといいなぁと思います。

「この方法で、予想が確かめられるのかな？」

「この結果から、ここまで言ってしまっていいのかな…」

こうした会話が飛び交うようになってきたら、本当にすばらしいと私は思います。

(4) 研究テーマ

研究内容の説明文を読むと、大きな字で「新たな価値」と書かれていました。私は、最近このキーワードがとても気になっています。この学校では、この言葉をどのような意味で使っているのだろう…と。

理科では、問題解決の活動を通して、自然の事物・現象についての理解を深め、知識を更新していきます。新しく更新された知識は、子どもたちが主体的に自然の事物・現象に働きかけた結果として得たものです。

それでは、新しく更新された知識は、子どもたちの「新たな価値」だと言えるのでしょうか？　本時でいうならば、「粘土は形を変えても、重さは変わらない」ということが、子どもの「新たな価値」なのでしょうか？

この「新たな価値」という言葉は、平成29年7月に公表された文部科学省『小学校学習指導要領（平成29年告示）解説　総則編』（以下、解説総則編）の「第1章　総説、1　改訂の経緯及び基本方針、(1)改訂の経緯」の第1段落目に登場します。

一人一人が持続可能な社会の担い手として、その多様性を原動力として、質的な豊かさを伴った個人と社会の成長につながる新たな価値を生み出していくことが期待される。

また、この言葉は、平成28年12月21日に公表された、中央教育審議会答申「幼稚園、小学校、中学校、高等学校及び特別支援学校の学習指導要領等の改善及び必要な方策等について」（以下、中教審答申）にもたくさん登場します。

そのひとつに、次の記述があります。

ここで言う新たな価値とは、グローバルな規模でのイノベーションのような大規模なものに限られるものではなく、地域課題や身近な生活上の課題を自分なりに解決し、自他の人生や生活を豊かなものとしていくという様々な工夫なども含むものである。

ここで、理科に話を戻します。

（繰り返しになりますが）理科では問題解決の活動を通して、新しく更新された知識を得ることになりますが、これが、子どもたちにとっての「新たな価値」と言えるでしょうか？自然の事物・現象について理解を深めることはできます。しかし、それが「新たな価値」

と言えるようになるためには、その知識を得ることで、自他の人生や生活が豊かなものになることが重要だと思うのです。

そのためには、獲得した知識を、自然の事物・現象や日常生活に当てはめて、その知識を得たことが、自他の人生や生活にとってどのような意味をもつのかについて考えることが大切になります。学んで得た知識をもとにして、もう一度自然の事物・現象や日常生活を見直す活動が重要になると思うのです。

これからの理科では、このような視点で授業づくりをしていくことが重要ではないか、そんなふうに私は思っています。

第7章
評価

本章は、評価の話です。

さて、評価とは何をどうすることでしょうか？　〝子どもの成績をつけることだ〟ということでしょうか？

確かに、成績をつけることも評価であり、大切なことです。しかし、〝成績をつけさえすれば、子どもの評価をしたことになる〟と思ってしまうと、評価の本質から遠ざかってしまうように思います。

そもそも、私たち教師は何のために子どもたちを評価するのでしょう？　また、どうやって評価すればよいのでしょうか？　こうした目的や方法を常に意識しながら、日々の教育活動を行うことが、適切な評価につながっていくと私は思います。

評価で大切なことは次のとおりです。

- 子どもの学習改善につながるものとなること。
- 教師の指導改善につながるものとなること。

1．観点別学習状況の評価

教師は、毎日の教育活動を通じて、子どもの学習状況を評価します。また、その結果を子どもにフィードバックしたり、自分の指導の改善、学校の教育課程の改善などに生かしたりします。そうして、教育活動の質の向上を図っていきます。

観点別学習状況の評価は、そのうちの一部を構成するものですが、新学習指導要領でも重要な役割を占めます。特に、育成を目指す資質・能力が３つの柱で整理されましたから、観点別学習状況の評価の観点も、これまで以上に明確になったといえるのではないでしょうか。

私が現場で授業をしていたとき、先輩方から次のように言われたことがあります。

「子どもをまるごと見取る」

最初は、どのような意味なのか、よくわかりませんでした。しかし、観点別学習状況の評価とは何かについて考えが及んだとき、先輩方の言葉の意味がなんとなくわかったたような気がしました。

観点別学習状況の評価とは、「目標に照らして、子どもの実現状況がどのようなものであるのかを分析的にとらえること」です。ですので、（3つの評価の観点の一つである）「主体的に学習に取り組む態度」だけを取り出して評価しようとすると、（少なくとも理科では）子どもが学んでいる姿を分断して見ることになってしまいます。なので、まずは子どもをまるごと見取って、その姿を観点ごとに分析することなのだろうと思ったのです。

たとえば、魚の生態が知りたくて、とにかくも魚の体を、「ここが口」「ここはエラ」「ここは尾びれ」と要素に分けて分析的に理解しようとしたとします。

この方法だと、要素に分けた部分については、（たとえばどのような形状をしているかなどを）知ることはできるでしょう。しかし、たとえばエラと口にはどのような連動があるのかなど、その魚全体の生態を知ることはできません。魚は、さまざまな体の部位を連動させて生きています。さらに、集団で行動する魚であれば、一個体とは異なる集団ならではの行動パターンもあるかもしれません。

つまり、何もわかっていない最初の段階で、要素を細かく分けて分析的にとらえようとしても、その本質は理解できないということなのです。この考え方は、子どもを理解するうえでも同様です。ですから、まずは子どもをまるごと見取ろうとすることが大切なんだと、先輩が教えてくれたのだと思います。

2. 子どもを理解するということ

私は、チョウのことについて考えてみました。「チョウは口が二つあるんじゃないかなぁ」と思いました。なぜかというと、こきゅうする口と、みつをすう口が分かれているんじゃないかなぁ。よーし！　私のさなぎもはやくチョウにならないかな。

（第3学年　昆虫と植物）

じしゃくはさいしょからパワーを出しているのか。鉄などが近づいたときに出るのか。でも近づいてパワーがでるなら、もし、寝ぼけていたらどうするのか？　つくのにつかないの？　なぞは深まるねぇ〜。

（第3学年　磁石の性質）

私は、肉眼では見えないけど、重さは変わらないということはすごく不思議なことだと思いました。目には見えなくても重さがあるのは、食塩以外でも？と思いました。みんなで実験をするといろいろなことがわかりました。

（第5学年　物の溶け方）

今日は、わかりませんでした。目には見えないけど、食塩はあって、しかも、重さはある。けど見えない。う〜ん！　わかんないよ〜ん。

（第5学年　物の溶け方）

これは、授業終了後、当時私が受けもっていた子どもたちが書いた振り返りです。

このころの私は、振り返りの活動を重視し、「理科日記」と称していました。授業中、ほとんど発言をしない子どもも、この理科日記にはいろんなことを書いてくれました。

私は、子どもたちの理科日記を読むのが楽しみでした。

〝○子さんは、今日の授業で、こんなことまで考えていたのか〟

〝この疑問は、次につながるなぁ。ぜひ、次の授業でみんなに紹介しよう〟

〝友達の名前がたくさん出てくる日記だなぁ〟

私は、子どもたちが書いてくれた理科日記を読んでは、自分の感じたことをノートにコメントして返していました。

なかには、「今日の理科は楽しかったです」とだけ記している日記もあります。でも、授業中のその子どもの姿を思い返すと、とても活発に発言する姿が浮かびます。〝Aくんは、授業中にいろいろなことを考えて、あれだけたくさん発言しているのだから、もっと書いてほしいなぁ〟と思ったものでした。

このように当時の私は、理科日記を、子どもを理解するもっとも重要な方法だと思っていたのです。

そんなとき、「多重知性理論」について学ぶ機会がありました。アメリカのハーバード大学のハワード・ガードナーが提唱している理論です。

多重知性理論（Theory of Multiple Intelligences）とは、人間はみんな複数（現在は８つ）の知性をもっていて、長所やプロフィールが個人によって異なるように、人によってある知性が強かったり、逆に弱かったりするという考え方です。

そうした複数の知性の一つに言語的知性があるのですが、これには、「話す」と「書く」は別々の側面として存在し、どちらかに対して優位性をもつことが書かれていました。これを読んだときにふと思い出したのが、授業中は活発なのだけど理科日記には一言、二言しか書かないAくんの姿です。

私は次のように思いました。もしかすると、〝Aくんは言語的知性のなかでも、「話す」という側面が優位だったのかもしれない〟。逆に、〝授業中はほとんど発言しないのに、理科日記には自分の考えを明確に書ける子どもは、「書く」という側面が優位だったのかもしれない〟と。

理科日記そのものは、子どもを理解するうえですばらしい取組だったと思います。しかし、これを唯一無二の方法だと思ってはいけないと思い直したのです。そもそも、そんな絶対的な方法などないのですから。

では私は、授業中、どれだけ子どものことを理解しようとしていたのでしょうか。

友達の発言に「だったら…」とか「でも…」とつなげて発言する子ども

自分の班の実験が終わると隣の班の実験結果を確認するために動き出す子ども

友達の発言に首をかしげる子ども…

そうしたさまざまな姿一つ一つに、子どもの学びが映し出されているはずです。それなのに当時の私は、そんな子どもの姿に目を止めることすらできていませんでした。

＊

自分の評価観を見直すきっかけは、日々の同僚との会話のなかにもありました。

6年生で燃焼の仕組みを学習する単元があります。ここでは、集気瓶のなかのろうそくを燃え続けさせるために、集気瓶の上や下に穴を開けて、空気の流れを調べるといった実験がよく行われます。しかし、空気の流れは見えませんよね。そこで、「線香」が登場するんです。線香のけむりで、空気の流れを可視化するのです。

このことについて、放課後、同僚と何気なく話をしていました。

揺れるろうそくの炎

私「線香を渡しちゃうんだよね」
同僚「そうですよね。渡しちゃいますよね。でも、渡さなかったら、子どもはどう考えますかね？」
私「じゃあ、子どもがほしいって言っても、貸さないよって言ってみる？」

こんな、他愛もない話をした後、私は実際にその授業のなかで、子どもが線香を使いたいと言ったにもかかわらず、あえて、「線香は後で貸すから、他の方法で、空気の流れを調べる方法を考えてみようか」と投げかけてみました。

子どもは、集気瓶の上の穴に手をかざしてみたり、ティッシュをかざしてみたりしていました。便利な線香が手に入らないとなると、子どもはいろいろと考えるのです。

実はこの後、すごい発想が飛び出したのです。
「ろうそくの炎が揺れている！」
ある子どもの発見は、瞬く間に全体に広がりました。
ろうそくの炎が、集気瓶の下にあけた穴とは反対側に揺れているのです。

集気瓶の下の左右に穴を開け、右側の穴だけを開けると、ろうそくの炎は左側に揺れ、左側の穴だけを開けると、炎は右側に揺れることを発見したのです。

これは、絶対に空気がそこから入っているに違いないということになり、線香の煙で確かめることになったのです。

最初から、便利グッズの線香を渡していては、子どもはこんな発見をしなかったでしょう。もしかしたら、教師が簡単に調べられる方法を提示してしまうことで、子どものすばらしい力を発揮させることを、そしてそのような姿を見取ることをできなくしているのかもしれません。

みなさんの授業はどうですか？

子どもがスムーズに学習できることにばかり苦心していませんか？

同僚と、授業の話、子どもの話、していますか？

私には、このような仲間がたくさんいます。

理科について熱く語り合える、素敵な仲間がいます。

＊

そんな理科について語り合える、ある先輩の先生の授業を参観させていただいたときのことです。

ある子どもが挙手しました。先生に指名され、その子どもは一生懸命自分の考えを発表していました。話し終えると、その先生は次のように言ったのです。

「一生懸命話してくれたBさんは素敵だね。そして、うなずきながら聞いていたCさんも素敵だね」

その先生は、発表しているBさんのほうを見ながら、真剣にその考えを受け止めつつ、周囲の子どもたちの姿にも目を配り、そして、Cさんを称賛したのです。

私はそれまで、教師のこのような振る舞いを見たことがありませんでした。

*

その学校の壁には、次の言葉が掲げられています。

「あなたの優しいうなずきで、子どもが大きく育っています」

子どもたちの資質・能力に、上限などありません。

子どもは、私たち教師を超えていく存在です。

評価とは、子どもを教師の枠にはめることではないし、そもそもはめることなどできません。

そうではなく、私たちは、子どもたちの可能性をどんどん伸ばしていけるような、そんな大人でなければいけないと思うのです。でも、それはどのような大人なのでしょうか？　どのような授業であれば、子どもたちの可能性を伸ばしていけるのでしょうか？

理科の授業づくりに、正解などありません。唯一無二の指導方法などないのです。ですから、悩むのです。よりよい授業を目指して悩むのです。

教師の仕事は、本当に大変な仕事ですね。改めてそう思います。

しかし、これだけは確信しています。

よりよい授業を目指すとき、そのはじまりは、目の前の子どもと正対することだということです。

おわりに

いまの私の理科を形づくっているものについて述べてきましたが、みなさんはどのようにお感じになったでしょうか。

２０２０年４月、新学習指導要領の全面実施を迎え、理科教育についての自分の歩みを、本という形で示すことができたことで、２０２０年は私にとって大きな節目の年になりそうな予感がします。

教師という仕事に就くことが決まったとき、私は小学校時代の恩師に報告しました。すると、恩師は、次の言葉を私にかけてくださいました。


「教師の仕事は、質も量も自分で決めるんだよ」


私はいま、このことの重みを改めて感じています。

これまでの歩みのなかで、私はどれだけそれを自覚してきたでしょうか？

どれだけ、子どもたちに正対してきたでしょうか？

本書の執筆は、これまでの歩みを立ち止まって考える、すばらしい機会になりました。

新学習指導要領の趣旨を思えば思うほど、理科教育への期待が高まります。子どもたちが楽しく、自分たちで問題解決していく姿が浮かんできます。


私たちも、自分自身の未来を拓いていきましょう。

そのことが、理科教育の未来を拓くことになります。

子ども一人一人に資質・能力が育成されることで、子ども一人一人が自分自身の未来を拓いていくことになります。

それは、人類の未来を、力強く切り拓いていくことにつながるのです。


いろいろな意味を込めて、「未来を拓く」

一緒にがんばりましょう。


最後になりましたが、出版の機会を与えてくださった東洋館出版社の高木聡さん、上野絵美さんにお礼申し上げます。

理科のメガネをかけたとき、〝街の風景〟が違って見えてくるように、高木さんのアドバイスによって、本書の輪郭を鮮明に映し出していただきました。上野さんには、ステキな装画を描いていただきました。〝春の歌〟を奏でる生き物たちのなかにいる子どもたちは、〝自然に親しむ〟そのものです。お二人に、心から感謝いたします。ありがとうございました。

例年になく早い春の訪れに、ビオトープのメダカが元気に泳ぐ。

２０２０年３月吉日

鳴川 哲也（なるかわ・てつや）

文部科学省初等中等教育局教育課程課教科調査官
国立教育政策研究所教育課程研究センター研究開発部
教育課程調査官・学力調査官

1969年福島県生まれ。福島県の公立小学校、福島大学附属小学校教諭、福島県教育センター指導主事、公立学校教頭、福島県教育庁義務教育課指導主事を経て、平成28年度より現職。

主な著書に『小学校理科指導スキル大全』（編著、明治図書出版、2019年）、『イラスト図解ですっきりわかる理科』（共著、東洋館出版社、2019年）、『板書で見る全単元・全時間の授業のすべて 理科』（小学校3年～6年）（編著、東洋館出版社、2020年）などがある。

理科の授業を形づくるもの

2020（令和2）年4月1日 初版第1刷発行
2021（令和3）年9月1日 初版第3刷発行

著　者 鳴川哲也
発行者 錦織圭之介
発行所 株式会社 東洋館出版社
〒113-0021 東京都文京区本駒込5-16-7
営業部 電話 03-3823-9206／FAX 03-3823-9208
編集部 電話 03-3823-9207／FAX 03-3823-9209
振替 00180-7-96823
URL http://www.toyokan.co.jp
装　幀 中濱健治
装　画 上野絵美
印刷・製本 藤原印刷株式会社

ISBN978-4-491-04055-4 Printed in Japan